Children Come to This World for Playing

글·사진 **편해문**

소나무

차 례

아이들 놀이를 찾아 인도로 떠난 까닭

놀다보니 십 년이 흘렀다.

길다면 길고 짧다면 짧은 세월 동안 아이들 놀이와 노래와 이야기란 오솔길로 세상을 돌아다녔다. 그 사이 이런 저런 자리에서 선생님들과 때로는 부모님들과 아이들과 놀이를 사이에 놓고 놀고 노래하고 이야기했지만, 아이들 세계에 여태 눈뜨지 못하고 아이들 놀이와 노래와 이야기를 공부하는 사람이란 이름 석 자만 팔고 다닌 세월이었다. 돌이켜보면 놀이를 태워 삶의 방을 데우며 살아야 함을 모르고, 삶을 태워 놀이를 샀던 어리석고 아픈 시절도 그 십 년 안에 있다.

오늘 우리 아이들 놀이는 게임과 오락에 많은 자리를 내주었다. 마당과 골목이 사라지면서 놀이가 사라지고 담 너머 시끄럽던 아이들 소리도 이제 듣기 어렵게 되었다. 그 많던 아이들은 뿔뿔이 흩어져 어디로 갔으며 놀이와 골목과 마당은 또한 어떻게 된 것일까. 아이들 놀이는 이제 컴퓨터와 인터넷 속 게임들로 정말 충분한 것일까.

이렇듯 놀랍고 무서운 일이 벌어졌는데 누구 하나 나서서 말하는 어른을 만나기가 쉽지 않았다. 아이들과 아이들 문화에 관심이 많은 분들도 아이들이 먼저 좋은 책을 읽어야 한다고 생각하지 책 읽기보다 먼저 아이들이 밖에 나가 뛰어노는 것이 중요하다는 분들이 적어 나는 외로웠고 스스로 힘을 좀 내야 했다.

대한민국은 이미 아이도 어른도 놀 수 없는 곳인지 모른다는 생각으로 인도행 비행기에 올랐던 것이 어느새 네 차례에 이르렀다. 나는 왜 해마다 인도에 오고갔던 것일까. 십여 년을 지켜보았더니 이 땅의 아이들을 마음껏 놀도록 내버려두지 않는 현실은 점점 단단해져가고, 아이들은 놀아야 하고 아이들은 놀 권리가 있는데, 놀지 못해 몸과 마음이 아파 힘들어하는 아이들 또한 눈에 또렷이 보였지만, 무엇을 어디서 어떻게 시작해야 할 지 답답했다. 놀이는 아이들 삶에 있으면 좋고 없으면 아쉬운 것이 아닌 아이들 삶에 있어 어떤 것보다 첫 번째 자리에 와야 마땅한데 세상은 놀이를 밀쳐내고 이상한 것들로 채워가고 있었다.

아이들은 놀지 않았고 선생님과 부모님들에게 놀이는 가르쳐야 했고 여러 해 동안 할아버지 할머니 기억 속에 남아 있는 아이들 놀이를 묻고 살폈지만, 그 속에서 뛰어놀던 아이는 만날 수 없었다. 그럴수록 기운이 펄펄 살아 마음껏 뛰어 노는 아이 하나 보고 싶은 목마름은 더해갔다.

우리가 어려서 놀았던 것처럼 저물도록 밖에서 뛰어노는 아이들을 만나고 싶었다. 만나서 함께 신나게 놀며 다시 아이들로부터 놀이가 무엇인지 오롯이 배우고 싶었다. 배우고 다시 돌아와 이 땅에 놀이의 씨앗을 심겠다고 마음먹었다.

인도에서 많은 아이들을 만났다. 길에서, 골목에서, 마당에서, 논에서, 밭에서, 바닷가에서…. 그때마다 우리나라 아이들은 지금쯤 무엇을 하고 있을까 생각했다. 대한민국 아이들은 온갖 학원에 가고 온갖 컴퓨터 게임을 하며 보내고 있을 시간이었다. 이렇게 조금씩 인도 아이들을 만나면서 나는 몸으로 하는 놀이에 대한 소중한 믿음으로 좀 더 건강해졌고, 놀이를 다시 볼 수 있는 맑은 눈도 다시 마련할 수 있었다.

이 책에서 그런 이야기를 몇 가지 놀이와 함께 소박하게 차려보았다. 책을 읽다가 잠시 책장을 덮고 우리 아이들의 삶과 놀이문화를 떠올리는 분들이 있다면 더 바랄 것이 없겠다. 어렸을 때 마음껏 뛰놀던 놀이의 기억을 소중하게 지니고 사는 어른들, 특히 아이들과 늘 함께 하며 애쓰시는 부모님들, 선생님들, 그리고 스스로의 맨얼굴을 모르는 우리 아이들과, 맨얼굴 맨몸짓 맨손 맨발이 어떤 것인지 '인도 아이들 놀이'라는 거울을 통해 만나보자. 만나보고 우리 아이들 속으로 다시 돌아오자.

인도를 흔히 신들의 나라라고 하지만 내게 인도는 어른이나 아이나 가릴 것 없이 오래된 놀이에 열심인 놀이의 나라였다. 인도에는 서로 다른 환경에서 다양한 아이들이 살고 있다. 하루 종일 놀이로 시간을 보내는 아이부터 하루의 많은 시간을 노동에 시달리는 아이까지, 학교에 다니는 아이부터 학교 가까이 가보지 못하는 아이까지, 집과 부모가 있는 아이부터 거리의 아이들까지….

인도 아이들이 놓여 있는 현실과 지금 우리나라 아이들의 현실이 크게 다르다는 것을 잘 안다. 내가 인도에서 본 것은, 이 많은 아이들이 놓여있는 환경과 처지는 모두 달라도 아이들은 틈만 나면 기를 쓰고 놀이에 몰두한다는 것이었다. 그래서 인도의 희망은 아이들에게 있다고 말하고 싶다. 인도 아이들은 어쨌든 놀고 있고 놀면서 길러진 힘으로 가득차 있기 때문이다. 문명이라는 것이 아이들을 얼마나 기운 없고 생기 없고 웃음을 잃게 만드는지 모른다. 인도가 우리와 조금은 먼 곳의 이야기이지만 아이들로부터 우리가 빼앗은 것은 무엇이고 오늘 우리 아이들에게 정말 돌려줘야 할 것은 또 무엇인지 이 책에서 만났으면 한다.

우리 아이들은 어떤가. 이런 질문에 대답하기란 좀처럼 쉽지 않다. 그러나 우리는 알고 있다. 아이들이 놀지 못하고 있고, 눈 뜬 시간 대부분을 무언가를 배워 머릿속에 집어넣는 데 써버리고 있다는 것을…. 그래서 그런지 대한민국의 아이들은 건강도 썩 좋지 못한 편이다. 놀이를 빼앗겼으니 당연한 일이다. 에리히 프롬은 만약 아이들이 병들었다면 그것은 아이들이 마음껏 놀지 못한 것에 대한 복수라고 했다.

그 사이 인터넷 게임은 아이들 영혼을 소리 없이 갉아먹어 들어가고 있다. 많은 아이들이 학교와 학원과 집을 왔다 갔다 하다가 조금이라도 짬이 나면 게임에 매달린다. 게임에 빠지는 것, 이것 또한 아이들이 놀이와 만나려는 하나의 몸부림임을 잘 안다. 아이들더러 게임도 하지 않고 자신들을 짓누르는 힘겨운 공부와 경쟁의 세상을 견디라고만 하는 것은 너무나 가혹한 짓이다. 참 문제가 쉽지 않다는 것을 새삼스럽게 느낀다. 인도를 다니면서 그리고 이 책을 쓰면서 이 문제를 어떻게 풀 것인가 고민해보았다.

인도에 머물던 어느 날 아침, 큰 길에 나갔더니 아이들이 자치기를 하고 있었다. 일곱 시도 안 됐는데 말이다. 노는 모습을 지켜보다가 나이를 물었더니 다섯 살이라고 했다. 다섯 살 아이의 그 날렵함이라니! 바로 어릴 때 우리 모습을 보는 것 같았다. 맞아, 우리도 저 나이 때 저렇게 놀았지 하는 생각이 들었다.

어떤 날은 신도 없이 맨발로 소똥이 뒹구는 온 동네를 뛰어다니며 노는 아이들을 만나기도 했다. 우리 같으면 유치원이나 어린이집 또는 초등학교에 가야 할 아이들이 오전이고 오후고 저녁이고 길에서 골목에서 공터에서 무더기로 모여 놀고 있었다. 인도 아이들을 눈여겨본 사람은 안다. 아이들의 바짝 마른 정강이에서 뿜어져 나오는 까맣게 반들거리는 힘찬 기운을…. 우리도 어려서 그런 생기가 있었다. 그러나 요즘 아이들한테서 도무지 이런 생기를 마주하기 어려운 것은 무슨 까닭인가. 공부하고 남는 시간을 게임에 다 쓰고 밖에서 뛰놀지 않는데, 어떻게 땅과 자연이 주는 생기를 몸에 담을 수 있겠는가.

인도 아이들과 아이들 삶 속에 녹아 있는 놀이를 만나러 길을 나서볼까 한다. 보이는 사진은 인도이지만 글은 우리나라 아이들 놀이문화에 대해 좀 더 이야기했다. 이 책은 내가 쓴 책 가운데 드물게 참고한 책도 각주도 없는 책이 될 듯싶다. 남의 글이 아니라 진정 나의 삶이 참고가 되고 각주가 되는 삶을 살고 싶다. 나 자신의 놀이 이야기로 놀이 공부를 다시 시작해보려고 한다.

인도로 길을 떠날 수 있게 깨우쳐주고 배려해주신 늘 형님 같은 선재학교 유지선 교장선생님, 해마다 아무 말 않고 보내준 가족들, 또한 내가 가진 놀이에 대한 생각을 늘 보듬어주고 책으로 만들어준 소나무출판사 식구들에게 고맙다는 말씀 올린다. 어느 누구보다도 늘 아이들과 함께 지내며 애쓰시는 이 땅의 많은 선생님과 부모님께 이 책을 전하고 싶다. 아이들과 선생님들과 부모님들과 놀이와 노래와 이야기와 딸 다솔이와 놀며 다시 십 년을 보내려고 한다.

마당을 고르며 편해문

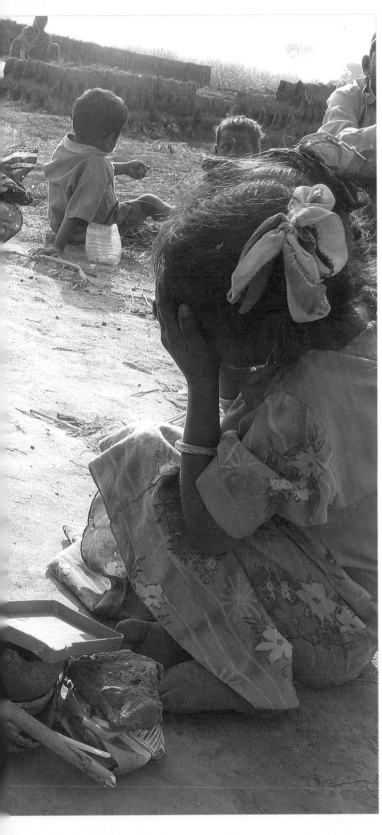

소꿉놀이
속으로

바이살리

소꿉놀이 하면 아릿한 풍경 하나가 걸어온다. 볕이 드는 처마 밑이었을까? 아니면 따뜻함이 조금 남아 있는 굴뚝 밑이었을까? 땟국물이 흐르는 얼굴 서넛이 옹기종기 앉아 깨진 사금파리나 병뚜껑에 풀을 짓이겨 김치를 담고 솔잎을 가지고 밥을 짓고 국수를 삶던, 지금은 어디 사는지 모르는 내 어린 시절 동네 누나, 동생, 여자 친구들의 모습이다. 나는 아빠였고 그 친구는 엄마였지….

나중에 철이 들어 할머니 할아버지 들을 찾아다니며 어렸을 때 소꿉놀이를 어떻게 하고 놀았는지 다시 묻기도 했다. 안동에서는 소꿉놀이란 말 대신에 '혼잡'이라는 말을 썼고 전라도에서도 '바깜살이'라는 말을 썼다. 바깜살이는 안에서 하는 진짜 살림살이가 아니라 바깥에서 하는 꾸며서 하는 살림살이란 뜻이라고 들었던 것 같다.

인도를 다니면서 이 소꿉놀이에 남달리 마음을 빼앗겼다. 놀이 가운데 소꿉놀이만큼 자연스러운 놀이도 없을 뿐더러 세상 모든 아이들이 시키지 않아도 스스로 하는 놀이라, 소꿉놀이를 잘 살펴보면 놀이의 많은 수수께끼를 풀 수 있을 것이라 여겼다. 가게에서 파는 소꿉놀이 세트가 아닌 우리가 어렸을 때처럼 여기저기서 주워 모은 물건들을 소중하게 늘어놓은 진짜 소꿉놀이를 보는 순간 절로 가슴이 뛰었다.

인도 아이들의 소꿉놀이를 눈여겨보았더니 내가 기억하고 있던 30년 전 소꿉놀이는 가운데 토막이 부러지고 귀퉁이가 날아간 것이었다. 참

함피

오르차

기억이란 믿기 어려운 구석이 있다.

몇 차례 자연스런 소꿉놀이와 만났다.

문제는 아이들의 소꿉놀이를 깨뜨리지 않고 보고 싶은데 그럴 수 있을까 하는 걱정이었다. 놀이연구에서 흔히 하듯이 비디오카메라를 아이들 몰래 숨겨놓고 놀이를 관찰하는 일은 정말 하고 싶지 않았다. 그렇다면 어떻게 해야 할까. 아이들이 낮게 소곤거리며 저만치서 소꿉놀이에 몰두하고 있는데 어떻게 아이들에게 다가갈 수 있을까.

나는 먼저 카메라를 내려놓고 아이들에게로 갔다. 어떤 아이들은 낯선 이를 보고 놀라거나 줄행랑을 놓기도 했고 또 어떤 아이들은 관심을 보이기도 했다. 하지만 많은 아이들은 '저 사람은 무엇을 하러 온 사람일까?' 잠시 생각하는 듯하더니 이내 소꿉놀이 속으로 퐁당 뛰어 들었다. 아이들은 놀이 속에 퐁당 빠졌다가 잘도 폴짝 뛰어나오곤 한다.

그렇게 인도 아이들 곁으로 조금씩 다가갔다. 그러면서 나는 소꿉놀이란 것이 이렇게 삶을 쏙 빼닮았구나, 싶어 새삼 눈물겨웠다. 또 아이들은 소꿉놀이를 통해 밖의 세계와는 아주 다른 세상 속으로 들어간다는 것도 함께 느낄 수 있었다.

아이들 놀이 가까이 갈 때는 조심해야 할 것이 하나 있다. 아이들 스스로 어른에게 어떤 작은 역할이라도 주기 전에는 놀이에 끼어들면 안 된다는 것이다. 자칫하면 놀이를 깰 수 있기 때문이다. 만약 운이 좋게도

할머

놀이에 끼어주면 헤~ 좋아라 하며 아이들이 시키는 대로, 하자는 대로 하면 된다. 시키는 대로 해서 즐거운 일이 이런 것이 아닐까.

소꿉놀이를 한참 들여다보면서 나는 문득, 소꿉놀이에 몰두하고 있는 아이 하나 하나의 얼굴에서 제의를 집전하는 사제의 경건함을 보았다. 그 경건함은 어른들은 여기 들어올 곳이 아니라고 말없이 말하는 듯했다. 아이들 놀이에서 느끼는 이 지극한 신성함….

신성과 놀이가 하나라는 말이 있다. 아이들의 제의가 바로 놀이라는 말이다. 아이들의 놀이는 어른들의 종교와 같다는 말이다. 아이들이 놀이에 빠져 몰입하는 것을 조용히 지켜 본 사람이라면 저절로 그 사실을 알게 된다.

오르차

바이샬리, 오르차, 아우랑가바드, 함피, 뭄바이… 그리고 네팔과 캄보디아에서도 소꿉놀이 하는 아이들을 만났다. 비하르주에 속해 있는 한적한 시골마을 바이샬리에서 길을 걷다가 소꿉놀이를 하는 한 무리의 아이들을 만났다. 남자, 여자 아이들이 어울려 진짜 살림을 하듯 여러 가지를 차려놓았는데 여간 진지한 게 아니었다. 캄보디아에서 잠시 보았던 소꿉놀이 속 꼬마는 음식을 만들어 어디론가 나르기까지 했다. 마치 줄 사람이 있다는 듯이….

　오르차에서 본 소꿉놀이는 놀라웠다. 아이들이 소꿉놀이를 힌두 제단 앞에서 하고 있었는데 10살, 10살, 8살 여자 아이 셋이 따로따로 방을 꾸미며 인도 음식인 짜이, 로띠, 사모사, 사부지에 같은 것들을 만들며 놀고 있었다. 그런데 여기저기를 돌아다니며 진짜 음식 재료를 구해와 소꿉놀이 재료로 쓰고 있는 것이 아닌가. 그 음식 하나하나의 화려함이란 한낮의 햇살을 더욱 눈부시게 만들기에 모자라지 않았다.

　갖은 살림살이가 갖추어진 소꿉놀이 방에는 담도 있고 문도 있었는데, 소꿉놀이가 다 끝난 다음에는 물청소까지 하고 집으로 돌아갔다. 어제 이 마을에서 열다섯 살 먹은 여자아이가 시집가는 것을 보고 너무 어리지 않나 생각 했는데, 오늘 아이들의 이 섬세한 소꿉놀이를 보면서 그런 생각을 떨칠 수 있었다.

　나는 놀이가 허구이거나 꾸며 노는 것이 아니라고 생각한다. 아이들은 놀이에서 언제나 자신들의 구체적인 삶의 이야기를 하고 있었고, 그들만의 작은 우주를 날마다 새롭게 창조하고 있었다.

　아우랑가바드 뒷골목을 돌아다닐 때였다. 처마 밑에 아이들이 꼬물꼬물 모여 무얼 하나 하고 넘겨봤더니 못 쓰는 헝겊 조각을 이어 만든 인형을 가지고 한창 놀이에 빠져 있었다. 다른 놀잇감들도 있는 것 같아 좀 더 가까이 다가갔다가 나는 눈이 번쩍 뜨였다.

　아이들이 소꿉놀이를 하고 있는데, 소꿉놀이 도구들이 모두 흙으로 만들어 아궁이에 구운 것들이 아닌가. 그릇도 있고 수저도 있고 반죽을 미는 홍두깨도 있고 프라이팬도 있었다. 그것만이 아니었다. 요리할 때 없어서는 안 될 아궁이와 아궁이에 입으로 바람을 불어 넣는 도구까지 있었다. 참 기가 막힌 소꿉놀이 세트라 입이 다물어지지 않았다. 아이들은 한가로운 오후를 자신들이 만든 세계에 몰입해 그렇게 보내고 있었다.

　바라나시 갠지스 강가에서 본 놀이를 이야기하지 않을 수 없다. 아이들이 얼마나 구체적인 놀이를 하는지 다시 한 번 일깨워 줬기 때문이다. 갠지스 강가에는 커다란 돌 빨래판이 줄줄이 있다. 인도 사람들은 빨래를 비벼서 하지 않고 옷감을 돌돌 말아 돌 판에 때리면서

아우랑가바드

함피

빨래를 한다. 평생 빨래를 해주며 사는 사람들을 '도비' 라고 하고 이 곳을 '도비가트' 라고 부른다.

어느 날, 배를 타고 강을 건너 도비가트를 지날 때였다. 아이들이 강가 모래에 나뭇가지를 두 개씩 엇갈려 꼽고 이것들을 끈으로 이어 무언가를 만들고 있었다. 한참을 들여다보다가 그것이 빨래를 널어 말리는 간짓대를 세우고 빨랫줄을 거는 놀이라는 것을 알았다. 아이들은 커서 하게 될 빨래 일을 놀이로 따라 하고 있던 것이다.

먹고 살기 위해 남의 빨래를 해주는 어른들 곁에서 빨랫줄 거는 놀이를 하는 아이들의 모습을 떠올려 보라. 아이들은 일상에서, 어른들의 일 가까이에서 풍부한 놀이거리를 얻어 그들만의 놀이로 바꾸어 놀고 있었다.

또 한 번은 함피에서였다. 이 마을에서 건너 마을로 가려면 조그만 배를 타야 하는데 나루가 내려다보이는 언덕 큰 나무 그늘 아래서 아이들이 한참을 소꿉놀이에 빠져있었다. 먹고 남은 코코넛 껍데기를 그릇으로 쓰고 있었는데 살림살이의 정갈함이 시골 할머니의 부엌을 보는 듯했다.

그런데 저녁에 다시 그 자리로 돌아와 보니 아이들이 놀던 소꿉놀이 살림이 고스란히 놓여있지 않은가. 누구도 흐트려서는 안 된다는 약속이 있는 것처럼 엄숙하게 남겨져 있었다. 이것은 또한 말해주고 있었다. 내일도 아이들은 이 나무 아래로 나와 소꿉놀이를 할 것이란 걸. 어제도 그제도 이 나무 아래는 아이들의 소꿉놀이터였다는 것을….

진짜 놀이란 이렇게 한 번 또는 하루에 끝낼 수 없는 것이다. 저녁 놀이 그림자를 끌며 내리는 나무 아래, 남겨진 소꿉들이 내게 묻는다. 한 번으로 끝나는 놀이를 정말 놀이라고 할 수 있을까…. 내가 아이들과 했던 놀이가 정말 놀이였을까….

소꿉놀이에 흠뻑 빠진 남자 아이들도 더러 볼 수 있지만 내가 본 바

함피

카주라호

로는 아무래도 여자 아이들이 좀 더 애정을 가지고 노는 것 같았다. 그렇다면 그 또래쯤 되는 남자 아이들은 무얼 하며 놀까. 카주라호에서 그 대답을 해줄 남자 아이들을 만났다. 남자 아이들끼리 모이니까 놀이가 조금 달라지는 것 같았다.

찰흙으로 논과 밭을 가는 트랙터를 만들며 놀고 있었는데 바퀴에 난 무늬 모양까지 정교하게 빚어내고 있었다. 지극한 마음으로 관찰하지 않고서는 저토록 정교하게 만들 수 없는 것이었다. 남자 아이들 또한 놀이 속에서 자신들의 꿈을 키우는 것이리라. 멋지게 트랙터를 운전해보

고 싶다는, 훌륭한 농부가 되고 싶다는….

　마침 노는 아이들 앞으로 트랙터가 큰 소리를 내며 지나가자 아이들
은 넋을 잃고 한참이나 물끄러미 바라보았다. 놀이에 젖는다는 것은 이
런 것이다.

마당과
골목에서
놀던
아이들은
어디로
간 걸까

네팔, 포카라

인도 골목을 따라 걷다보면 어릴 때 우리 살던 골목이 그랬던 것처럼 골목 끄트머리에서나 모퉁이를 돌 때 크고 작은 마당과 맞닥뜨리는 일이 어렵지 않다.

골목을 따라 걷는다는 것은 마당을 만날 수 있다는 것이고, 마당을 만난다는 것은 아이들을 만날 수 있다는 것이기에 골목에 들어서면 나는 어쩔 수 없이 설렌다. 이런 설레임이 나를 인도로 부르나보다.

동네가 있는 곳엔
공동샘이 파 있고,
물 이는 색시 뒤엔
신둥이도 딸지요.

동네가 있는 곳엔
미루남구 서 있고,
커다란 남구 위엔
까치집도 있지요.

동네가 있는 곳엔
조모래기 있구요,
조모래기 노는 곳엔
노래가 있지요.

– 권태응의 동시 '동네가 있는 곳엔' 가운데

보드가야

우리네 형편은 어떠한가.

작은 골목을 없애 큰 도로를 만들고 빈틈없이 건물이 밀고 들어와 골목도, 마당도, 조무래기 아이들도 보기가 쉽지 않다. 그렇다면 골목과 마당에서 떠밀려난 아이들은 어디로 간 것일까. 골목과 마당에서 사라진 아이들은 지금 어디에서 무엇을 하고 있는 것일까. 인도 아이들은 골목이나 집이나 동네 마당을 제 집 안방으로 알고 이렇게 뛰고 구르고 뒹굴고 있는데….

학교와 이런 저런 학원과 집을 왔다 갔다 하는 아이들을 떠올려본다. 오늘 아이들에게 학교와 학원과 집은 어느 곳 하나 편안한 곳이 아니다. 이 세 곳의 이름은 다르지만 따지고 보면 같은 곳이기 때문이다. 공부하라는 곳이다.

아이들이 여기서 벗어나기란 쉽지 않은 일이다. 어른들은 이 세 곳 어디에도 자신들만의 놀이터를 만들지 못해 아파하고 몸부림치는 아이들을 보지 못하는 것 같다. 더욱 가슴 아픈 것은 이런 삶을 당연한 듯 여기며 학교, 학원, 집을 맴돌이 하는 아이들의 기운 없는 뒷모습이다.

우리가 자랄 때만 해도 많은 부모들은 아이들이 지금 이 시간에 뭘 하는지 모르는 때가 많았다. 아이가 지금 이 시간에 무얼 하고 있을까? 그냥 어디서 동무들하고 놀고 있겠지 정도였다. 그러나 오늘날 부모들은 아이들이 어디서 무얼 하는지 정확히 알고있다. 학원에 설치된 카메라를 통해 아이들을 멀리서도 볼 수 있는 세상이니 말이다.

아이들에게 허락된 빈틈이란 게 없는 것이 오늘 아이들의 현실이다. 아이를 돌봐야 할 부모와 교사가 감시자 역할을 떠맡고 있는 셈이다. 이렇듯 동무들과 함께 뛰놀지 못하는 아이들이 선택한 것 가운데 하나가 '인라인스케이트' 이다.

학교, 학원, 집이라는 일상을 잇고 있는 길을 놀이터와 해방구로 삼아 찻길이고 보도고 가리지 않고 내달린다. 어른들은 위험하다고 나무라지만 아이들에게 들리지 않는다. 인라인스케이트는 몸으로 놀지 않으면 아플 수밖에 없는 아이들의 눈물겨운 선택이다.

왜 아이들은 이런 선택을 했을까. 아이들은 스스로 안다. 놀아야 한다는 것을, 몸을 움직이지 않으면 아프다는 것을. 아이들은 몸으로 알기 때문이다. 아이들의 눈물겨운 선택에 뜨거운 박수를 보내고 싶다.

가끔 생각해본다. 인라인스케이트가 없는 아이들의 하루를⋯. 인라인스케이트는 아이들에게 학교 밖, 학원 밖, 집밖이라는 '바깥' 공간에 눈을 뜨게 해주었다. 인라인스케이트가 없다면 아이들은 '방' 이라는 닫힌 공간에 하루 종일 있을지도 모른다. 컴퓨터敎와 텔레비전敎의 착실한 신도가 되어. 이만하면 정말 고마운 인라인스케이트 아닌가.

아빠와 땀을 뻘뻘 흘리며 산에 오르는 것을 즐거워하던 아이가 있었다. 엄마 방, 동생과 누나 방을 돌아다니며 이야기 나누는 것을 즐거워

라즈기르

하던 아이였다. 이 아이가 어느 날 컴퓨터를 만나고 자기 방으로 들어가 문을 닫더니 지금까지 문을 열지 않고 있다. 컴퓨터를 만나고 난 뒤로 이런 저런 일에 시큰둥해진 것이다.

컴퓨터 게임이 지닌 선정성, 폭력성을 따질 겨를이 내게는 없다. 단지 말하고 싶은 것은 컴퓨터 게임에 가까이 갈수록 동무와 형제와 부모 같은 '사람'과 멀어진다는 것이다. 삶이라는 것, 사랑한다는 것, 가슴 아프다는 것, 힘들다는 것, 눈물겹다는 것, 관계라는 것에서 멀어지려고만 하니 이를 어쩐단 말인가. 누가 무엇으로 문을 닫고 방으로 들어간 아이를 불러낼 수 있단 말인가. 인생에서 가장 아름다운 시절을 온갖 중독으로 물들게 할 권리가 어른들에게는 없지 않은가. 그렇다면 게임과 같은 '중독'에서 벗어날 수 있는 길은 없는 것일까. 나는 있다고 생각한다.

내 작은 경험으로 보아 밖에서 많이 놀아보았던 아이들은 게임 중독에서 쉽게 벗어나더란 것이다. 밖에서 땀 흘리며 노는 재미를 한껏 맛본 아이들은 그 이후에 만난 게임과 같은 것들을 이 세상 많은 놀이 가운데 하나로 보더라는 것이다. 이것이 참 중요하다.

그러니 만약 아이가 게임에 중독 되었다면 그 아이는 평소 스스로 놀지 못하거나, 부모들이 놀지 못하게 한 아이였을 가능성이 높다. 다른 나라와 견주어 유난히 게임중독 증세를 많이 보이는 우리나라 현실은 거꾸로 우리 아이들에게 얼마나 놀이를 허용하지 않고 있었는가를 또렷이 보여주는 셈이다.

　놀이라면 마땅히 온몸으로 노는 것이라야 한다. 아이들도 안다. 게임을 하면서도 몸과 마음이 시원하지 않다는 것을…. 그러나 아이들이 선택할 수 있는 것이라고는 이것밖에 없는 것이다. 학교와 학원과 집에서 시달린 몸을 피시방으로 잠시 끌고 들어가 쉬는 것이 오늘 우리 아이들의 현실이다.

　인도의 마당과 골목에서 마음껏 내닫고 뛰고 팽이 돌리고 사방치기하고 구슬치기 하는 아이들을 볼 수 있다. 이 아이들이 이렇듯 마음껏 뛰놀 수 있는 것은 마당과 골목이 살아있기 때문이다. 놀이 프로젝트나 놀이 프로그램 개발 따위로는 어림없는 까닭이 여기에 있다. 놀 터가 있어야 놀 것이 아닌가. 아이들에게 놀 터와 놀 틈을 다 빼앗아놓고 어떻게 놀기를 바란단 말인가.

　게임기 만들어 다 팔아먹고, 아이들을 방 안에 처박아놓고, 어떻게 놀기를 바란단 말인가. 정말 너무들 하는 거 아닌가. 아이들이 지천인 인도의 마당과 골목을 보면서 우리에게 없는 것이 무언인지 깊이 생각해본다. 아이들이 놀려면 적어도 놀 틈과 놀 터가 있어야 한다. 놀 틈과 놀 터를 열어주고 놀이를 이야기해야 마땅한 것이다.

　어디 가서 누가 뭐하는 사람이냐고 물을 때 딱히 할 말이 없어 놀이를 공부한다고 해 고개를 갸우뚱거리게 만들 때가 더러 있다. 하지만 어

카주라호

카주라호

쩌랴, 사실인 것을…. 이렇듯 오갈 곳 없는 놀이연구자인 내가 참 좋아
하는 시가 하나 있으니 평안북도 정주가 고향인 백석 시인이 쓴 '여우
난골족族'이라는 시다.

여우난골족은 우리에게 텔레비전과 컴퓨터가 없고 동무가 있었던 시
절, 아이들이 어떻게 놀았는지 겉과 속을 눈부시도록 환하게 보여준다.

…… 저녁술을 놓은 아이들은 외양간섶 밭마당에 달린 배나무 동산에서 쥐잡
이를 하고 숨굴막질을 하고 꼬리잡이를 하고 가마 타고 시집가는 놀음 말 타고
장가가는 놀음을 하고 이렇게 밤이 어둡도록 북적하니 논다.

밤이 깊어가는 집안엔 엄매는 엄매들끼리 아르간에서들 웃고 이야기하고 아이들은 아이들끼리 웃간 한 방을 잡고 조아질하고 쌈방이 굴리고 바리깨돌림하고 호박떼기 하고 제비손이구손이 하고 이렇게 화디의 사기방등에 심지를 몇 번이나 돋구고 홍게닭이 몇 번이나 울어서 조름이 오면 아릇목싸움 자리싸움을 하며 히드득거리다 잠이 든다. …

이 시 속에는 쥐잡이, 숨굴막질, 꼬리잡이, 가마 타고 시집가는 놀음, 말 타고 장가가는 놀음, 조아질, 쌈방이, 바리깨돌림, 호박떼기, 제비손이구손이, 아릇목싸움, 자리싸움, 모두 열두 가지 놀이가 나온다. 열두 가지 놀이를 하루 저녁에 친척아이들이 모여 놀았다.

서울말로 숨굴막질은 숨바꼭질, 조아질은 공기놀이, 쌈방이는 주사위놀이, 바리깨돌림은 종지 돌리기, 호박떼기는 호박따기, 제비손이구손이는 다리헤기(이거리 저거리 갓거리)이다.

아이들이 어떻게 이렇게 많은 놀이를 졸릴 때까지 하면서 놀았을까. 이 수수께끼를 풀자면 오늘 우리 아이들이 놓인 놀이 환경이 옛 아이들과 어떻게 같고 달랐는지 차분하게 살펴보아야 한다.

먼저 이 집에는 당연히 텔레비전과 컴퓨터가 없다. 그리고 아이들 방도 따로 없다. 그런데 이 집에는 있는 것도 많다. 먼저 또래가 있고, 놀곳이 있고, 아이들 스스로 놀 수 있는 놀이거리가 넘친다. 그리고 무엇보다도 놀 시간이 있다.

언젠가 한번 공동육아 선생님들과 모여 '이것도 놀이인가?' 라는 이

라즈기르

야기를 늦도록 주고받은 적이 있는데 불과 20년 전의 놀이가 얼마나 풍성했는지 모두 놀랐다. 그날 나온 놀이 가운데 몇 가지만 옮겨본다.

삽 타기, 삽 2개로 걷기, 뒤에서 오금차서 주저앉히기, 높은 데서 뛰어내리기, 낭떠러지 건너뛰기, 기차에서 먼저 내리기, 개구리 똥꼬에 보릿대로 바람불어 넣기, 길에 함정 파기, 가방 메고 가면 뒤에서 가방 문 몰래 따기, 무술 가위보, 이불 속에서 옷 바꿔 입기, 걸으면서 꼭 약속한 것만 밟고 걷기, 베개싸움, 두꺼운 겨울 이불 위에서 레슬링하고 재주넘기, 성애낀 유리에 글씨 쓰기, 연탄찍개 반쪽 던져 꼽기, 스무고개, 입으로 물 품어 무지개 만들기, 담벼락에 낙서하기, 신문지에서 자기 이름 찾기, 책 쪽 끝수 펴기, 책받침 깨기, 지우개 따먹기.

나는 옛날 아이들이 했던 놀이가 좋으니 그런 놀이를 꼭 해야 한다고 생각하지 않는다. 틈과 터, 다시 말해 시간과 공간과 또래를 먼저 보고 가장 뒤에 놀이를 보아야 한다. 이 가운데 가장 중요하지 않은 것이 사실 놀이다. 놀이거리가 없어도 놀 틈과 놀 터와 놀 또래만 있으면 아이들은 무엇을 하든지 잘 놀기 때문이다.

요즘 우리 아이들이 놀지 않는 까닭은 놀이거리가 없기 때문이 결코 아니다. 이제 정말 우리는 아이들에게 놀 수 있는 틈과 터를 어떻게 마련해줄 것인가를 고민해야 할 때이다. 방에서 나올 줄 모르는 아이들에게 오늘 하늘을 한 번 볼 겨를이 있었는지 물어본다면 아이들은 뭐라고 대답을 할까.

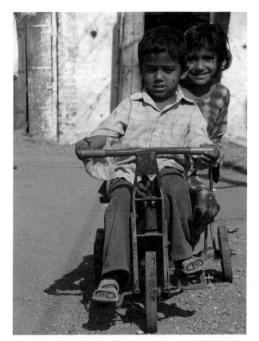

아우랑가바드

아이들은 언제 하늘을 보나

함께 쓰레기 줍자 하면
앞엣아이들 재수 없다며 투덜대고
뒷아이들 눈치 보며 도망을 가고
언제 아이들 이렇게 변해 버렸나

이 아이들 언제 하늘 한 번 쳐다보나.
언제 먼 데 산 바라보며
이런저런 생각을 해 보겠나.

먹고
버리고
서너 군데씩 학원에 가고
무엇엔가 늘 쫓기면서
이 아이들 언제 하늘 한 번 쳐다보나.

미루나무 끝에 부는 바람 언제 보고
우리 잠든 사이
하늘 높이 떠 세상을 지키고 있는 별들
가만가만 속삭이는 소리
언제 귀 기울여 들어 보겠나.

– 임길택, 『할아버지의 요강』(보리, 1996)

하기 싫은 공부와 매일 하고 싶은 게임으로 마음은 메말랐는데 하늘은 웬 하늘이고, 틈과 터가 없는데 놀이를 어디다가 쓰겠는가. 놀 수 있는 공간과 시간이 있을 때 아이들은 옛날 놀이와 요즘 놀이에 갇히지 않는 자신들만의 놀이문화를 스스로 만들 수 있을 텐데 걱정이다.

인도에는 놀이터가 따로 없다. 왜냐하면 온 동네가 놀이터이기 때문이다. 또한 노는 시간이 따로 정해져 있지도 않다. 하루 가운데 노는 시

간이 대부분이기 때문이다. 우리 어렸을 때도 마찬가지였다. 그게 불과
이삼십 년 전 일이다.

　나는 아이들이 할 놀이가 없고 놀 방법을 모르는 것에 가슴 아파 하
지 않는다. 내가 정말 가슴 아파하는 것은 아이들이 놀 수 있는 틈과 터
를 없애버리고 이 아이들을 모두 다 학원으로 실어 보내는 우리 모두의
가엾은 모습이다.

바라나시

연이 난다
아이들이 난다

바라나시 갠지스 강!

이 곳에 온 이방인들은 이내 숙연해지고 만다. 이 강가에는 사람 화장하는 모습을 아주 쉽게 가까이서 볼 수 있고, 그 냄새 또한 피할 수 없이 코로 스며들기 때문이다. 그렇지만 이 곳을 찾은 인도 사람들은 너무나 행복해 한다. 바라나시를 흐르는 갠지스 강 때문이다.

이 강은 '강가 여신'의 몸이라 나쁜 것들을 흘려보내도 결코 더럽혀지지 않는다고 사람들은 믿고 있다. 들리는 말에는 민물 돌고래가 살 정도로 깨끗한 물이라고 하지만 이방인들이 보기에 물은 탁하다.

강 아래쪽에 있는 화장터에서는 시신 타는 냄새와 함께 가끔씩 시신의 머리와 배가 터지는 소리가 끊임없이 들려오고, 가끔은 덜 탄 시신이 강물에 떠내려 오고, 개들은 덜 탄 시신을 찾아 근처를 맴돌며 어슬렁거린다. 인도 사람들은 그 물에 빨래도 하고, 목욕도 하고, 마시기도 하며 플라스틱 통에 물을 길어 고향으로 가져간다. 갠지스 강물은 모든 것을 정화한다고 믿기 때문이다.

이곳을 찾은 외국 여행자들은 너나없이 살고 죽는 것이 도대체 무엇인가 하는 생각에 잠기는 것 같다. 나 또한 슬픔과 두려움과 덧없음을 함께 안고 화장터를 스치고 지나다가 문득 하늘을 올려다보았다.

연이었다!

어디서 누가 실을 감아쥐고 날리고 있는지 알 수 없을 정도로 많은

바라나시 겐지스 강

바라나시

연들이 바라나시 하늘에 떠 있었다. 강가에서, 집 옥상에서, 화장터 굴
뚝 아래에서, 계단에서, 심지어는 배 위에서까지 연을 날리고 있었다.

바라나시에 오면 꼭 한 번 연을 날려보기를 권한다. 갠지스 강가에
있는 화장터에서 나오는 연기, 그리고 그 위를 나는 아이들이 띄운 수많
은 연의 겹침은 무엇을 이야기하려는 것일까. 연을 날리는 아이들은 내
게 삶에 너무 심각해지지 말라고 말하는 듯했다. 놀아라. 놀아라. 오직
놀아라 하고 말하는 것 같았다.

이렇듯 죽음과 삶이, 늙음과 젊음이, 고통과 놀이가 스쳐 지나가면서 함께 어울리는 풍경을 만들어내는 곳이 갠지스 강가이다. 화장터에서 타고 있는 여러 시신들 앞에서 너무 마음 죄지 말고, 고개를 들어 하늘에 뜬 그 많은 연과 연을 날리고 있는 아이들을 볼 수 있다면 삶은 또 다른 기운으로 넘칠지 모른다. 적어도 나는 그런 기운을 아이들과 하늘에 뜬 연으로부터 받았다.

　물에 빠뜨릴 듯 강바닥으로 내리꽂다가 다시 하늘로 솟구치게 만드는 아이들의 그 빛나는 연 다루기 솜씨란! 우리나라 방패연처럼 전후좌

바라나시

바라나시

우 연 머리가 방향을 바꿀 때 재빠르게 실을 잡아당겨 마음대로 움직이는 연을 가만 보니, 모양은 가오리연 같은데 꼬리가 없는 것이 우리와 달랐다.

가오리연에서 꼬리를 떼 내어 방패연의 자유로움을 얻은 연, 그러나 생각해보라. 꼬리가 없는 가오리연을 하늘에 띄울 수 있겠는가. 나도 연을 날려보았는데 결코 쉽지 않은 일이었다. 인도는 아이나 어른이나 기술이 없으면 살 수 없는 곳인 모양이다. 아이들 놀이도 어른의 일도 기술이 있어야 하니 말이다.

하나에 1~2루피(1루피는 우리나라 돈으로 30원 정도) 하는 연, 또 1~2루피씩 받고 끊어 파는 연실. 잘 사는 집 아이들은 가게에서 사서 날리고, 못 사는 아이들은 스스로 만들거나 다른 아이들이 떨어뜨린 연을 주워 풀로 붙이고 종이로 때워 날린다.

갠지스 강 이쪽 편이 구원 받은 땅이라면 강 건너편은 버림받은 땅이라고 한다. 그러나 건너편 불가촉 천민촌에 사는 아이들이 이 편을 향해 연 날리는 모습을 보면서 놀이란 또 이런 경계에서마저 자유로운 것임을 알았다.

우리가 어릴 때만 해도 못 사는 동네 아이들이 잘 사는 동네 아이들보다 훨씬 잘 놀았지만 지금은 못 사는 동네아이들이 오히려 잘 놀지 못하는 것 같다. 잘 사는 동네 아이들보다 다양한 놀이거리를 만날 수 있는 기회가 부족해 컴퓨터나 텔레비전에 더욱 쉽게 빠져들기 때문일 것이다. 지독한 현실이다.

바라나시를 벗어나면 언제 그랬냐는 듯이 하늘의 연은 스르르 자취를 감춘다. 바라나시 아이들은 왜 그토록 연을 많이 날리는 것일까. 갠지스 강바람이 있어서일까…. 나는 바라나시를 이렇게 기억한다. 하늘에는 영광, 땅에는 축복이 아니라 하늘에는 연, 땅에는 자치기! 바라나시 아이들은 자치기도 참 많이 했다.

바라나시에서는 매년 1월 14일 앞뒤로 동틀 무렵부터 해질녘까지 큰 연축제가 벌어지는데 우리나라의 송액연처럼 마지막 날에는 모든 연줄을 끊어 하늘로 날려 보낸다고 한다. 이즈음에는 인도 전역에서 드세게 연을 날리는 모습을 볼 수 있다.

바라나시는 이때뿐만 아니라 일 년 내내 연을 날린다. 얼마나 연을 많이 날리는지 연 가게만 모여 있는 상가가 있을 정도였다. 인도 북부 구자라트에서는 규모가 상당히 큰 연축제가 벌어진다는 이야기도 들었다. 어쩌면 이렇게 우리와 연을 날리는 시기와 풍습이 똑같은지 모르겠다.

어느날 놀이를 찾아 아우랑가바드를 돌아다니다가 숨을 딱 멎게 하는 풍경과 맞닥뜨렸다. 골목 모서리를 꺾어 들어서는데 앞에 커다란, 우리나라로 치면 당산나무 정도 되는 나무가 앞을 턱 가로막는데 보는 순간 가슴이 먹먹해지더니 눈물마저 핑 돌았다. 나무를 뒤덮고 있는 무수한 연들이 나를 그렇게 만들어 버렸다.

연나무라고 해야 할까. 연들이 나무의 열매처럼 매달려 있었다. 도대체 이 동네 아이들이 얼마나 많은 연을 날렸기에 저 큰 나무가 온통 끊어진 연으로 뒤덮였단 말인가. 정월 대보름에 줄당기기가 끝나면 그 줄을 당산나무에 감아놓은 모습이 겹쳐 떠오를 정도로 이 나무는 연으로 뒤집어 씌워놓은 듯이 보였다.

놀이가 되려면 이렇듯 여러 사람이 절대적인 시간을 쏟아 부어야만 하는 것을….

바라나시

아이들은 놀기 위해 세상에 온다

경북 의성에 사시는 할아버지께 연을 만들고 날리는 법을 배우던 때가 생각난다. 할아버지께서 태어나기 전에 아버님이 돌아가셨다고 했다. 살림살이도 넉넉지 못했다고 하셨다. 그런 소년이 연을 만나 다른 세상을 알게 되었다고 하셨다. 어린 시절, 땅 위에 할아버지 것이라고는 아무것도 없었지만 연을 띄워 하늘 높이 날리는 그 순간에는 연 아래 온 세상이 내 것이 되는 느낌이었다고 하셨다.

이런 사무치는 기억이 지금까지 연을 손에 놓지 않고 계신 까닭이라는 것을 알았을 때, 놀이 하나가 참 대단한 몫을 할 수 있다는 것을 새삼스럽게 느꼈다. 지금까지도 연줄의 팽팽한 기억이 아직 손끝에 남아있는 분은 어린 시절을 행복하게 보낸 사람임에 틀림없다.

매운 겨울바람에 손이 얼어 터지는 줄도 모르고 밖에서 연을 날리며 우리들만큼 하늘을 오래 보았던 세대도 없을 것 같다. 어른이 되어 거친 세상을 살아가는 힘 또한 바로 이런 작은 놀이에서 길러진 것이 아닐까. 지금 우리 아이들에게 무엇보다도 필요한 것은 이런 놀며 길러지는 힘이 아닐까.

놀이가
똑같네!

네팔, 카트만두

인도에서 아이들이 하는 많은 놀이를 보았다. 그 가운데 아주 낯선 놀이를 만나기는 쉽지 않았다. 거의 모든 놀이가 우리가 어렸을 때 했던 놀이들이었기 때문이다. 제기차기, 자치기, 공기놀이, 고무줄, 딱지, 실뜨기, 손뼉치기, 종이접기, 비석치기, 그네타기, 까막잡기, 진놀이, 전쟁놀이 등등 우리가 하지 않았던 놀이는 거의 없었다.

멀리 떨어진 한국과 인도 아이들의 놀이가 비슷한 까닭은 무엇일까. 나는 한쪽에서 영향을 끼쳤다기보다는 아이들의 놀이 본능에서 실마리를 찾는 것이 옳다고 생각한다. 굴리고, 돌리고, 꾸미고, 날리고, 넘고, 따먹고, 움직이고, 숨고, 쫓고, 찾고, 치고, 차고, 타려고 하는 힘이 아이들 몸속에서 꿈틀거리기 때문이다. 놀이라는 것은 이런 타고난 몸속의 힘이 동무를 만나고 놀잇감을 만나면서 터져 나온 것이기 때문이다.

자치기

라즈기르에서 아이들이 자치기 하는 것을 보았다. 자치기는 우리가 어렸을 때 시간 가는 줄 모르고 놀았던 놀이가 분명하지만 이젠 거의 사라진 놀이다. 가장 큰 까닭은 위험하다는 점 때문이다.

어렸을 때로 돌아가 생각해보면 날아오는 새끼자에 맞은 적도 있는 것 같고, 어미자를 휘두르는 동무 가까이서 새끼자를 받겠다고 어른거리다 동무가 휘두른 어미자에 맞은 적도 있는 것 같다. 빠르게 날아오는

오르차

오르차

새끼자를 날쌔게 피하고 가끔은 맨손으로 잡기도 했다. 날아오는 새끼자를 맨손으로 잡았을 때 손이야 말도 못하게 아프고 얼얼하지만 그 찌릿함을 타고 오는 뿌듯함을 어찌 잊을 수가 있겠는가.

오르차에서는 자치기를 '길린 덴다Gilin danda'라고 불렀는데 길린은 작은자, 덴다는 큰자라는 뜻이었다. 구멍은 '구차gucha'라고 불렀다. 어떻게 하는지 보았더니 여기 자치기는 '푸는 자치기'였다.

우리나라와 좀 다른 것은 새끼자가 장애물에 걸려있을 때 어미자로 때려서 올라오는 것을 쳐내도 되지만, 퍼 올려 때려도 된다는 점이었다. 어미자로 날린 새끼자를 지키는 쪽이 받으면 죽고 못 받으면 지키는 쪽

이 새끼자를 어미자를 향해 던지는데, 어미자에 안 맞으면 3번 이내에 밖으로 쳐내면 된다. 특이한 것은 새끼자를 발가락이나 발등에 올려 어미자를 맞춰도 된다는 점이다.

어미자와 새끼자를 깎아 만드는 것은 물론 아이들이었다. 날카로운 돌이나 낫 같은 것으로 손수 만들어 썼다.

라즈기르 어느 동네 어귀에서 아이들이 팻트병을 새끼자 삼아 놀고 있었다. 어미자는 그대로 막대기를 썼는데, 팻트병을 때려보니 나무로 만든 것보다 느리고 멀리 날아가지 않아 안전하면서도 소리는 뻥뻥 나서 치는 기분은 좋았다. 우리나라에 돌아와 교사 워크숍을 할 때 해보았더니 여자 선생님들도 거뜬하게 해내는 것이다. 놀이를 찾아다니며 이처럼 '자치기의 위험'과 같은 숙제를 하나 풀 수 있는 열쇠를 만나는 것이 내게는 큰 기쁨이다.

도시로 가까이 갈수록 자치기 보다는 영국식민지 시기에 건너온 '크리켓'이 눈에 많이 띄었다. 크리켓을 보면서 우리나라 사람들이 옛날부터 우리 놀이라고 잘못 알고 있는 '땅뺏기(땅따먹기)'나 서로의 진지를 뺏는 놀이인 '진뺏기', 일본 말로 '진도리'라는 놀이가 생각났다. 이런 놀이는 일제 때 일본인 교사를 통해 학교에 퍼진 것인데, 이 놀이의 뼈대는 경쟁과 싸움을 통해 한 쪽을 완전히 제압하는 데 있다.

놀이에서 경쟁이 꼭 필요한 요소는 아니라고 본다. 나는 아이들에게 경쟁이 0%인 놀이를 더 많이 만나게 해주고 싶다. 노래가 그렇다. 노래를 부르다보면 참 재미있고 즐거워지는데 이 즐거움은 경쟁을 해서 생기는 것이 아니기 때문이다. 내가 노래를 좋아하는 까닭이다.

제기차기

인도에서 네팔 국경을 잠시 걸어 넘어 붓다가 태어나신 룸비니에 도착했다. 룸비니 동산 앞에서 익숙한 놀이를 만났는데, 다름 아닌 제기차기였다. 우리나라와 중국 제기가 종이나 깃털로 술을 만들어 쓴다면 인도 아이들이 차는 제기는 검은 고무줄 링을 엮어 썼다. 그런데 아이들의

네팔, 포카라

제기 차는 모습이 너무나 안정
되어 놀랐다. 자리에서 꼼짝도
않으면서 제기를 차올리는 5살
된 여자 아이 솜씨는 신의 경지에
올랐다고 밖에 표현을 못하겠다.

놀이를 잘하는 것이 중요한 것은 아니다. 마찬가지로 제기를
누가 더 오래 차는 지가 중요한 것도 아니다. 중요한 것은 아이들
이 바깥 놀이에 쏟아 붓는 절대적인 시간이 얼마 만큼인가 이다.
놀이의 질은 놀이시간의 양과 함께 가기 때문이다. 노는 데는 시
간이 필요하다는 말이다.

여자아이들이 제기차기하는 모습도 많이 보았다. 우리나라에
서는 제기차기를 남자들의 놀이로 많이 생각하는 편이다. 처음
부터 대부분의 놀이에 남녀 구분이 있었다고는 생각하지 않는
다. 시간이 지나면서 그것은 여자들이 하기에는 얌전하지 못하
다거나, 그것은 여자애들이나 하는 놀이라는 어른들의 생각에
따라 강요된 놀이 선택이 많다고 본다.

언젠가 한번 여고생들이 다니는 학교를 담 너머로 본 적이 있
는데, 글쎄 여고생들이 놀이 가운데서도 거칠기로 이름난 말뚝박
기를 하는 것이 아닌가. 놀이의 남녀 구분은 다시 생각해야 할 부
분이 많다. 누구의 눈으로 놀이를 보는가의 문제이기 때문이다.

호박따기, 꼬리따기

네팔 포카라 티벳 난민촌 근처에서 한국의 '호박따기'와 같은 꾸밈놀이를 보았는데 한국의 호박따기 놀이 가운데 나오는 노랫말과 견주어 보려고 한다.

할머니 할머니 있나?
  있지
호박따러 왔네
  호박 인제 심었네
언제올까
  내일모레 오게
내일모레동동 내일모레동동

한국의 '호박따기'처럼 이 놀이도 서로 묻고 답하면서 놀이를 끌어가는데, 주고받는 이야기를 알아들을 수 없어 궁금하던 차에 지나가던 네팔 사람이 영어로 바꾸어 적어주어 이해할 수 있었는데 영어로 옮기면 'Old Lady'라는 놀이였다.

놀이의 줄거리는 음식을 익혀 먹을 불씨를 늙은 여자가 갖다 버리자 아이들이 쫓아가고, 쫓아가서 잡으면 끝나는 놀이였다. 그런데 놀라운 것은 한국과 똑같이 '호박'을 따는 놀이라는 점이었다.

네팔, 포카라

네팔, 포카라

아이들은 놀기 위해 세상에 온다

Knock, knock, knock. 똑똑똑.

　　Who are coming king's field? 누가 왕의 땅에 들어왔니?

We are coming. 우리가 왔지.

　　What things bring? 무엇을 가지고 왔니?

We are to bring pumpkin. 우리는 호박을 가지고 왔다.

　　Where is yesterday pumpkin? 어제 있던 호박은 어디 있니?

Throw the pumpkin. 던져 버렸다.

　　Which is ripe select one? 어느 호박이 익었니?

All pumpkins. 다 익었다.

인도 카주라호 근처 마을에서 아이들이 꼬리따기 하는 것을 보았는데, 우리나라 꼬리따기처럼 줄줄이 늘어서서 허리를 잡고 맨 앞 아이가 꽁지에 붙은 아이를 따라잡는 놀이였다. 놀이가 우리와 참 비슷했다.

고무줄놀이

네팔 카트만두에서 고무줄놀이를 하는 아이들을 만났다. 한국은 검은 고무줄 하나를 이어 놀이에 사용하는데 네팔에서는 폐 자전거 타이어를 단무지 자르듯이 얇게 자른 고무링을 엮어 쓰고 있는 것이 조금 달랐다. 하지만 놀이

단계가 두 발 발목, 두 발 무릎, 한 발 발목, 한 발 무릎으로 점점 어려워지는 것은 비슷했다. 남자 아이들보다는 여자 아이들이 많이 하였다.

고무줄놀이 하면 잊을 수 없는 장면이 하나 내 기억에 박혀 있다. 지금 생각해도 그 높이는 도저히 발끝으로 걸 수 없을 정도로 까마득한 높이였다. 어느 정도 높은가 하면 외줄 고무줄놀이에서 가장 어렵다는 '하늘'이라는 것이었는데, 고무줄을 잡고 있는 두 사람이 손끝에 고무줄을 쥐고 머리 위로 뻗어 암담할 정도로 높이 올리는 고무줄놀이의 마지막 차례였다.

옆돌기를 하면서 발끝으로 공중에 가로놓인 고무줄을 낚아 와야 하는데, 정말 손가락 한 마디가 모자라 동네 누나들이 너도나도 죽었다. 그런데 그 중에 한 누나 차례만 오면 틀림없이 발끝에 고무줄을 걸고 땅에 내려오는 것이 아닌가. 그래서 좀 자세히 살폈더니 그 누나는 나름의 기막힌 기술을 가지고 있었다.

그 기술은 이랬다. 옆돌기를 해서 몸이 땅과 거꾸로 일직선이 되면

캄보디아, 시엠립

땅을 짚고 있던 손을 잽싸게 밀어 올려 손끝으로만 땅을 짚는 것이 아닌가. 그 한 마디 차이를 넘어서는 그 누나의 솜씨는 보는 아이들을 흥분시켰다.

이 기억은 나의 착각일지도 모른다. 그러나 이것 하나만큼은 틀림없다. 고무줄놀이를 하는 누나들이나 구경을 하는 나나 모두 고무줄놀이에 너무나 몰입했다는 점이다. 나의 기억이 착각이라면 순전히 그것은 놀이에 몰두한 때문에 생긴 것이라고 해야겠다.

실뜨기

네팔 카트만두 짱구나라얀에서 실뜨기를 여학생들과 아주머니들께 부탁해보았더니, 놀랍게도 우리가 어려서 주거니 받거니 했던 실뜨기와 똑같은 상여뚜껑이니 젓가락이니 채반이니 실패니 도굿대니 하는 것들이 차례로 나오는 것이 아닌가.

옛날에 누군가 카트만두에서 우리나라로 이사와 알려줬나, 아니면 우리나라 사람이 카트만두로 가서 알려줬나, 무엇이 맞는지 알 수 없지만 그런 생각을 하는 것만으로도 재미있었다. 비교하고 기원을 따지면 뭐하나. 나와 여학생들이 실뜨기를 주고받으며 웃는 가운데 우리는 무언가 비슷하다는, 하나 같다는 것을 느낀 것이 중요하지….

그네

인도 카주라호 아이들은 그네를 '줄라'라고 했는데 인도 여기저기서 그네 타는 아이들을 많이 보았다. 주로 나무에 걸어 타고 놀았다. 우리나라처럼 긴 줄에 매단 두 줄 그네도 인도 신화를 그린 그림에서 더러 보았는데, 그래서 그런지 그네를 인도에서 기원한 것으로 보는 학자가 있기도 하다.

우리나라도 여성과 아이들이 주로 그네 타는 것을 보면 그네에 여성적인 상징이 숨어있다는 짐작이 간다. 그것보다 내 마음을 끈 것은 집집마다 대문이나 나무에 그네를 달아놓고 아이들을 놀게하는 모습이었다.

카주라호

병뚜껑 딱지

아이들이 큰 마당에서 서로 다른 놀이에 빠져 뒤섞여 놀고 있었는데, 내 눈을 붙잡는 아이들이 있었다. 몇 명의 아이들이 야트막한 담 위에 나란히 앉아 뭔가를 돌로 두드리는 모습이었다.

가까이 가보니 내가 어려서 산동네 살 때 동무들과 함께 산을 넘어 한참 떨어진 극장 쓰레기통을 뒤져, 콜라나 사이다 병뚜껑을 찾아내서는 둘러앉아 돌로 두들겨 펴던 것과 똑같은 놀이를 하고 있는 것이 아닌가. 우리는 그렇게 찾아내 두들겨 편 병뚜껑으로 네모난 딱지 따먹기를

하듯이 쳐서 뒤집히면 따먹는 놀이를 했었다.

또 쓰레기 속에서 가끔 보이는 병으로는 '엄마 반지'를 만들었다. 병
입구를 쇠나 단단한 콘크리트 모서리에 대고 순간적으로 빠르게 당기
면 입술 닿는 부분만 똑 떨어지는데 날카로운 쪽을 콘크리트 벽에 갈아
서 엄지에 끼고 다니기도 했다. 우리는 뭐라도 눈에 띄거나 줍게 되면
놀이로 만드는 데는 귀신들이었다.

뱀주사위 놀이

뱀주사위 놀이를 모르는 사람은 없을 것 같다. 인도에서도 아이들이 뱀주사위 놀이 하는 것을 가끔 보았는데 볼 때마다 드는 생각이 '이 놀이는 도대체 어디서 온 것일까' 였다. 문방구 같은 곳에서 뱀주사위 놀이판을 팔고 있었는데, 어렸을 때 우리가 가지고 놀던 뱀주사위 놀이판과 똑같아 더욱 궁금했다. 인쇄 상태 또한 어렸을 때 우리가 가지고 놀았던 놀이판과 크게 다르지 않아 더욱 그랬다.

네팔의 야생 동물 공원이 있는 치트완에서도 뱀주사위 놀이판을 보았는데, 반가운 마음에 어떻게 하는지 물었더니 우리가 놀았던 방법 그대로였다. 조금 다른 것은 처음에 반드시 1이 나와야 출발한다는 점이었다.

이 뱀주사위 놀이를 요즘 컴퓨터 게임들과 견주면 단순하기 짝이 없는 따분한 놀이일지도 모르겠다. 그러면 요즘 아이들은 뱀주사위 놀이를 싫어할까? 그렇지 않은 것 같다. 좋아하는 아이들을 여럿 보았는데, 상대편을 따돌리고 저만치 앞서 가다가도 결승점 코앞에서 뱀한테 물려 아래로 순식간에 떨어지는 재미가 남다른 때문이리라.

어릴 때 나는 동무들과 뱀주사위판 둘레에 모여 굴러 떨어지는 주사위 숫자에 뚫어져라 눈을 맞추며 시간을 보냈다. 그것은 아주 훌륭한 몰입의 시간이었다. 돌이켜보면 내가 이 놀이를 하면서 들었던 감정의 변

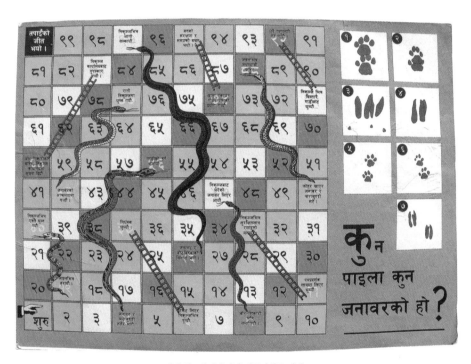

네팔 치트완에서 만난 뱀주사위 놀이판

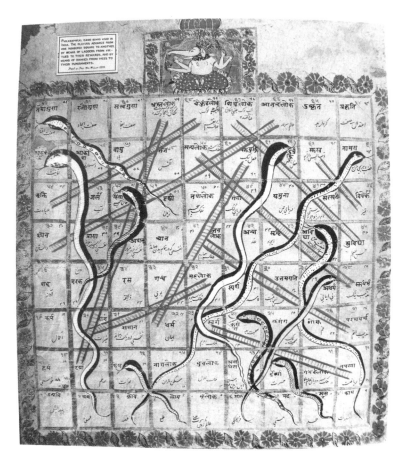

19세기 펀잡 지역이나 라자스탄의 뱀주사위 놀이판 – 옥스포드 피터리버 박물관 소장 (『The Art of Play』, 2006에서)

화는 그야말로 변화무쌍 그 자체였던 것 같다. 앞으로 달음박질, 주사위 숫자에 따른 환호와 한숨, 동무의 방해, 그리고 방해를 벗어나고 추격을 저만치 따돌렸을 때의 편안함과 해방의 즐거움, 그러다가 아차 하는 순간 뱀에 물려 나락으로 떨어질 때의 그 아득함이라니!

사실 뱀주사위 놀이는 우리가 인생에서 맛볼 수 있는 거의 모든 감정과 일찍 만나게 해주었던 것 같다. 우리가 살고 있는 세상은 뱀주사위 놀이판에서 보이는 것처럼 뱀이 우글거리는 세상일지도 모른다. 많은 뱀들을 피해 결승점 가까이 갔어도 99번째 마지막 한 칸에 또 가장 큰 뱀이 기다리고 있는 것이 인생일지도 모른다.

뱀주사위 놀이는 애초에 유혹과 함정과 타락이 춤을 추는 속세를 벗어나 하늘이나 깨달음의 세계에 이르는 과정을 보여주는 구도의 놀이로 시작되었다. 우리가 아는 뱀주사위판은 유럽에서 이런 구도의 성격을 지우고 단순화시켜 게임으로 만든 놀이판이다. 본디 뱀주사위 놀이판 꼭대기에는 마지막 숫자인 100을 지나 하늘나라나 정토와 천당 같은 세계가 그려져 있었다. 그러던 것이 우리나라에 들어와서는 공부 안 하면 뱀, 심부름하면 사다리라는 모양의 뱀주사위판이 만들어지기까지 한 것이다.

뱀은 그렇다치고 사다리는 과연 무엇을 의미하는 것일까. 나는 이 사다리가 깨달음의 길을 가는 구도자에게 신이 주는 사랑, 은혜, 구원의 손길이라는 생각을 해보았다. 산다는 것에 지칠 대로 지쳤을 때, 신은 사람을 그냥 내버려두지 않는다는 것을 뱀주사위 놀이판의 사다리가 상징적으로 우리에게 보여주는 것 같다.

사다리는 신이 고통의 세계에 살고 있는 사람에게 내린 사랑의 선물인 셈이다. 구원으로서의 사다리를 만났을 때 우리는 다시 힘을 내 한층 성숙한 사람으로 다시 구도의 여행을 떠날 수 있지 않겠는가. 한낱 게임으로만 생각했던 뱀주사위 놀이가 내게 절실하게 다가오는 것은 이 때문이다.

1834년 구자라트에서 만들어진 뱀주사위 놀이판 – 칼리코 직물 박물관 소장 (『The Art of Play』, 2006에서)

가장
척박한 땅에
가장
아름다운
놀이의 꽃은
핀다

아이들 놀이가 가장 활발하게 뿜어져 나오는 환경은 어떤 것일까. 당혹스럽게도 그것은 전쟁 직후 폐허 속에서이다. 전쟁 직후 폐허로 변한 환경은 어른들을 절망 속으로 깊게 빠뜨릴 테지만 아이들은 폐허에 물들지 않는다. 폐허로 변한 환경은 최고의 놀이터와 놀잇감이 가득찬 세계로 아이들을 이끌기 때문이다. 삶도 그렇지 않은가. 삶의 가장 힘든 시기야말로 돌이켜보면 희망이라는 씨앗을 뿌리기에 가장 좋은 때가 아니었던가.

나의 이런 생각에 그렇지 않다고 고개를 저으실 분이 계실지 모르겠다. 나는 그런 분들에게 이렇게 묻고 싶다. 오늘날 아이들이 이 정돈된 세상에서, 이 반듯하게 잘라진 시간과 공간에서 무슨 놀이를 할 수 있는지…. 위험하니까, 더러우니까, 다른 사람에게 피해를 주니까… 놀이를 금지하는 이유는 왜 이렇게 늘어만 가는지. 세상과 어른들은 왜 갖은 구속과 핑계로 아이들을 옴짝달싹 못 하게 하는지….

무릎이 까지고 넘어지고 구르지 않고 어떻게 놀이와 만날 수 있단 말인가. 흔히 사람들은 아이들이 책을 읽으면서 상상하는 힘을 기른다고 생각하지만 내 생각은 조금 다르다. 많은 상상은 서로 주고받는 이야기를 통해서 길러지는데 그 꽃은 옛날 이야기이다. 옛날 이야기가 꽃이라면 놀이는 열매라고 할 만큼 상상을 무한대로 펼칠 수 있게 해준다. 특히 어린 아이들일수록 그렇다. 그러니 놀이를 막는 것은 아이들의 상상을 막는 일이 되고 만다.

뭄바이

인도 최고의 산업도시, 뭄바이. 발달된 도시인만큼 뭄바이는 그 이면의 그늘을 가지고 있다. 도시 변두리로, 더 변두리로 들어가면 우리의 7,80년대 판자촌을 연상시키는 빈민가가 하염없이 펼쳐진다. 우기가 시작되면 무너져 쓸려가는 집들로 아수라장이 되는 그곳이 세계 IT 산업의 중심이라고 하는 인도 뭄바이의 또 다른 모습이다. 그러나 그곳에 사는 사람들은 내가 본 어느 곳 사람들보다 활기찬 삶을 살고 있었다.

변두리가 있으면 그 속에는 아이들이 있을 테고, 판자촌이 있으면 그곳에 또한 아이들이 있을 것이고, 아이들이 있으면 무언가를 하고 놀 것이었다. 7,80년대 서울 변두리에서 어린 시절을 온통 놀이로 보냈던 내 경험에 비추어 본다면 확실히 그럴 것이다. 그러나 이런 곳에 들어간다는 것은 남다른 마음가짐이 필요했다. 남루한 살림살이를 구경거리로 내보여주는 것을 누가 반기겠는가.

뭄바이 시민들이 이용하는 전철이 하루에 수도 없이 지나가는 '기찻길옆 동네' 아이들 이야기를 해보려고 한다. 이 동네의 환경은 내가 인도를 돌아본 가운데 손에 꼽을 수 있을 만큼 쓰레기가 많았고 소음도 심했다. 어지러운 철로와 전철의 굉음이 끊이지 않는 환경은 아이들의 놀이터로 조금도 어울리지 않아 보였다. 그러나 어렵게 발을 내딛어 동네 사람들과 아이들 가까이 가면서 이런 생각들을 조금씩 지워갔다. 아이들은 온몸으로 놀고 있었고 어른들도 무언가 일을 하고 있었다.

끊임없이 오가는 전철 소리와 전철 밖으로 얼굴과 몸을 내밀고 지나가는 사람들의 소리가 귀청을 찢었으나, 아랑곳하지 않고 사람들은 제 할 일을 했다. 줄지어 선 집 바로 앞에 놓인 선로에는 온갖 쓰레기와 똥 더미에 전철 승객들이 밖으로 버린 쓰레기가 뒤섞이면서 파리 떼가 들끓고 있었다. 쓰레기 사이로 반짝이는 철로만 겨우 보일 지경이었지만 아이들 역시 어른들과 마찬가지로 아랑곳하지 않고 그 속에서 너무나 잘 놀고 있었다. 오직 놀려고 태어난 듯 신나게 뛰고 구르며….

나는 이 동네를 가난하다고 말하고 싶지 않다. 도대체 가난이라는 게 무엇일까? 가난은 스쳐지나가는 타인의 편협한 평가에 지나지 않는 것이다. 그들은 이웃이 있었고 이웃과 함께 해야 할 일을 했고 아이들은 너무나 많은 놀이를 풍족하게 누리고 있었다. 그런 사람들을 단지 집이 허술하고 먹는 것이 부실하고 냉장고가 없고 텔레비전이 없다고 해서 가난하다고 할 수 있을까.

이제 이 동네 아이들을 볼 차례가 된 것 같다. 너무나 역설적이게도 이곳은 아이들에게 있어 놀이의 천국이라고 불러도 좋을 만했다. 구슬치기만 열 무더기가 넘게 벌어지고 있었고, 여자 아이들은 셋씩 넷씩 모여 온갖 쓰레기 더미를 헤치고 소꿉놀이와 공기놀이에 몰입해 있었다. 또한 버려진 철로 위에서 딱지 따먹기가 벌어지고 있었고, 집 선반 위에는 팻트병에 구슬이 가득 담겨 신주단지처럼 모셔져 있었다.

뭄바이

뭄바이

    바깥사람들의 눈에는 최악인 환경 속에서 아이들은 놀이를 활짝 꽃
피우고 있었다. 이 동네 한 아이가 날아온 온갖 비닐쓰레기를 치우고 땅
을 갈아 푸성귀를 활짝 키워낸 서너 평 밭뙈기처럼…. 아이들은 이 시끄
럽고 어지럽고 척박한 땅을 그들의 놀이터로, 정토로, 천국으로 바꾸어
놓고 있었다.

    나는 새삼스레 아이들이야말로 환경에 굴복하는 존재가 아님을 알았
다. 아이들이 어른과 크게 다른 점이 바로 이것이다. 아이들은 자신들이
놓여있는 현실과 처지에 파묻히지 않을 힘이 있다. 아이들은 그 자체로
꿈의 덩어리이기 때문이다.

    놀이에 있어 오염과 순수의 경계란 아이들에게 이렇듯 무의미한 것

이었다. 붓다께서 일찍이 더러운 것도 깨끗한 것도 없다고 하지 않으셨던가. 예전에 읽었던 이문구 선생님 시가 떠올랐다. 그리고 그 시 속에 나오는 자연 속에서 놀던 옛날 아이들과 이 소란한 환경 속에서 노는 아이들이 같은 아이들임을 새삼스레 깨달을 수 있었다. 이 동네 아이들에게서도 봄 냄새와 풋과일 냄새가 났기 때문이다.

옛날 아이들

옛날 아이들은
장난감이 귀해서
겨울이 가면
풀밭에서 놀았는데
풀물이 들고
꽃물이 들어서
깁고 기운 옷인데도
봄냄새가 났다나요

옛날 아이들은
장남감이 귀해서
여름이 가면
감나무 밑에서 놀았는데
감물이 들고
흙물이 들어서
땀이 밴 옷인데도
풋과일 냄새가 났다나요

– 이문구, 『산에는 산새 물에는 물새』(창비, 2003)

뭄바이

어른들의
일터는
아이들의
놀이터

보드가야

우리 집

우리 집은 네 식구
엄마, 아빠, 나, 여동생
엄마는 파출부 가고
아빠는 돌 깨러 가고
나는 학교 가고
동생은 집에서 놉니다.
학교 끝나면 빨리 집에 갑니다.

인도를 다니다보면 동생을 안고 돌보는 아이들을 자주 보게 된다. 그 모습이 까맣게 잊고 있었던 초등학교 시절 내가 썼던 짧은 시를 다시 생각나게 했다. 어떻게 동생을 저렇게 몸에 착 들어붙게 안을 수 있을까 깜짝 놀라면서 말이다. 지금으로부터 한 사십 년 전 내가 사는 안동 아이들의 일하는 이야기가 금쪽 같이 담겨있는 글모음집이 있다. 돌아가신 이오덕 선생님이 아이들과 함께 지내며 모아 펴내신 『일하는 아이들』이다.

봄

봄이 오면
나는 학교 갔다 오면

바이샬리

바이샬리

아기를 업고 점심을 하다가
아기가 자면
호미를 들고 가서 밭을 맨다.
– 1970년 2월 12일 안동 대곡분교 3학년 김춘자

요즘 같이 대명천지 밝은 세상에 아이들에게 일을 시키겠다고 하면
송사에 휘말리지 말란 법이 없겠지만 내 생각은 많이 다르다. 일할 줄
아는 아이라야, 옆에서 오며가며 어른 일을 거들 줄 아는 아이라야 놀
줄도 안다는 것을 인도의 여러 농촌과 어촌 마을을 돌아보며 다시 한번

굳게 믿게 되었기 때문이다. 바꾸어 말한다면 어려서 일을 모르는 아이는 노는 것도 어려워 한다는 것이다.

놀려면 힘이 있어야 하는데 이 힘은 어른들을 도와 일을 하거나 작은 일은 손수하면서 저절로 길러진다. 어른들이 아무리 공부만 시키려고 해도 어려서 일을 해봤던 아이들은 몸으로 이를 거역하고 놀이로 세상을 이해하는 길을 스스로 찾을 것이지만, 그렇지 못한 아이들은 쉽게 문명의 편리에 사로잡히고 만다. 정말 잊지 말아야 한다. 아이들은 철저하게 아날로그로 자라야 한다. 아날로그의 품을 팔지 않는 디지털은 휘황한 껍데기이고 거짓말이고 환영일 뿐이다.

이 나라 교육의 가장 큰 잘못은 아이들에게서 얼마간의 일마저도 빼앗아버린 점이다. 시골 아이들은 제 몸 하나는 부릴 줄 안다. 놀이가 뭐 별것인가. 제 몸 하나 건사하고 부릴 줄 알면 그것이 놀이가 아니겠는가. 동생을 돌보고, 밭 매는 어른들 따라 작은 힘이라도 보태다가 장난도 치고, 그것이 다 놀이 아닌가. 아이들의 일할 권리를 빼앗은 것은 아이들 사랑과는 관계가 없다. 아이들은 세상을 온몸으로 받아들이고 싶어 한다.

세상에서 가장 훌륭한 놀이를 꼽으라면 나는 어른들이 제 일에 몰두하고 있을 때, 옆에서 아이들이 보거나 따라하는 것이라고 말하고 싶다. 이것이야말로 가장 훌륭한 놀이이기 때문이다. 그러나 이런 모습을 지금은 참 보기 어려워졌다. 왜 그럴까. 아이를 곁에 두고 일하는 부모가 적기 때문이다. 김치 담는 것을 옆에서 지켜보는 것만큼 좋은 놀이가 없는데, 김치를 담는 부모가 없다. 다 사다 먹으니까 말이다.

아빠가 물건을 고치거나, 엄마가 저녁 준비하는 것을 보고 있는 것만큼 좋은 놀이가 또 어디 있단 말인가. 그러나 지금 부모들은 집 안에서의 자연스런 노동과 멀어져 있다. 이런 좋은 놀이를 놔두고 우리는 돈과 시간을 따로 들여 아이들을 놀이방으로 보내고 복잡한 놀잇감을 아이들 품에 안긴다. 나는 정말 그런 것이 놀이라고 생각하지 않는다. 아이들은 어른 세계에 함께 참여하는 놀이를 너무나 하고 싶어 한다. 너무나….

부처님이 깨달음을 얻으신 보드가야에서 자전거로 30분쯤 떨어진 한 시골 농촌마을에서 아이들을 만났다. 나중에 안 사실이지만 너무 재미있는 것은 이런 시골 마을에 들어가면 내가 온 동네 아줌마 아저씨 아이들의 놀잇감이 된다는 점이었다. 어른들과 아이들은 나를 가지고 놀고 싶어 안달하며 졸졸졸 쫓아다닌다. 나는 나대로 놀잇감이 된 내가 때로는 재밌다.

자, 이 마을을 좀 들여다보자. 향을 만드는 아이, 낯선 사람에게 놀라 멀리 도망가서 우는 아이, 나물 캐러 가는 여자 아이들, 탈곡기 위의 아이들….

보드가야

보드가야

아이들은 놀기 위해 세상에 온다

보드가야

저기 연자방아에 소를 묶어 탈곡을 하고 있는 어른의 일터를 놀이터 삼아 미친 듯이 뛰어노는 아이들의 몸짓을 도대체 어떤 놀이라 이름붙일 수 있을까. 어떤 놀이 이름도 붙일 수 없지만 아이들은 너무나 재미있고 신나게 놀고 있지 않은가. 어른들의 일터가 아이들의 놀이터가 될 때 이와 같은 놀라운 놀이판이 벌어진다. 일터와 놀이터를 한사코 떼어 놓으려는 것은 아마 자본이고 문명일 것이다.

푹신한 볏짚을 밟고 구르고 뛰고 재주넘고 뒹굴며 노는 아이들을 바라보니 내 두 팔과 다리가 저절로 막 움직일 정도였다. 같은 마당에서 어른은 소를 몰고 아이들은 뛰어다녀도 서로 부딪히거나 방해받지 않는 절묘한 동선이 있었다. 저기 저 벼를 내리치며 터는 아이는 또 어떠한가. 이 아이에게서 노동의 고단함이라고는 조금도 느낄 수 없다. 그 까닭은 무엇일까. 아이가 일로 하지 않기 때문이다. 옆에 아버지와 어머니는 제 일을 묵묵히 하면서 따라하는 아이를 보며 가끔 웃음 지을 뿐이다.

바닷가와 가까운 뿌리의 아이들도 마찬가지였다. 뱅골만의 바닷가에서 어른들은 고기 잡는 일에, 아이들은 노는 일에 오롯이 몰입해 있었다. 어른들이 바다에 나가서 건져온 큰 고기를 골라낸 뒤 그물에서 남은 작은 고기를 모으느라 삼삼오오 모여 일을 거드는 아이들, 그물을 털 때 튕겨 나오는 고기를 주우려고 어른들 가까이 바짝 붙어 눈을 초롱초롱

아우랑가바드

네팔. 포카라

밝히고 있는 아이들, 모래를 항아리에 퍼 담아 나르는 아이들, 떠밀려온 나뭇가지를 땔감으로 모아 묶는 아이들….

　모래놀이 하는 아이, 잡아온 게나 물고기와 장난을 치는 아이들, 잡아온 고기를 널리 펴 말리는 모래사장 옆에서 딱지 따먹기에 정신이 팔린 아이들, 바닷바람에 고고하게 꼬리연을 날리는 아이, 비닐봉지를 주워 묶어 연삼아 노는 아이, 헤엄치는 아이, 해변에서 춤을 추는 아이들, 하염없이 바다를 바라보는 아이, 똥 누는 아이, 어른들 일하는 것을 마냥 바라보는 아이… 아이들… 놀이들…. 어른들에게 바다는 일터요 고기는 일감이지만, 아이들에게 바다는 놀이터요 고기는 너무나 훌륭한 놀잇감임을 보았다.

시키지
않아도,
가르치지
않아도

공기놀이를 하는 모습을 떠올리면 가장 먼저 떠오르는 장면이 넋을 잃고 공기놀이를 하던 동네 누나들의 모습이다. 누가 불러도 대답도 안 하고…. 지금 생각하니 일부러 못 들은 척 한 것이 아니라 정말 누나들에게 소리가 들리지 않았던 것 같다. 사람에게 혼이 빠져 나가면 저렇게 되나 싶을 정도로 소복이 둘러앉아 공기놀이에 몰두하는 모습을 돌이켜보니 명상도 그런 명상이 없겠구나 싶다.

저녁 찬거리 심부름을 시키려는 엄마 목소리도 못 듣고 정신없이 놀다가, 끝내 뛰쳐나온 엄마 손에 질질 끌려가는 누나도 있었다. 그렇게 끌어내지 않으면 안될 만큼 아이들은 놀이에 빠져 있었다. 끌려가면서도 공깃돌에 눈을 떼지 못하던 애절한 눈빛이 어렴풋이 떠오른다. 손은 또 어떤가. 하도 땅을 쓸어 땅바닥에 닿는 손날에는 피가 맺혀 있었다. 하! 우리는 이렇게 놀았다. 이렇게 놀던 힘으로 오늘 이 거친 세상도 거뜬히 살아간다.

놀면서 수도 없이 지고 이기고, 죽고 다시 살아나는 것을 경험하지 않은 아이들이 세상에 나가 무언가에 패배했을 때, 아이들은 어떻게 그 패배를 넘어설 수 있을까. 나는 놀이가 패배와 죽음을 넘어서는 수많은 상황과 만나게 해주고 그것을 극복하는 힘을 길러줄 수 있다고 생각한다.

어떤 놀이든지 놀이가 몸에 푹 익기 전까지는 놀이에서 숱하게 지고 죽는 것은 당연한 일이다. 그렇지만 자꾸 해보고 부딪히다보면 언젠가는 이기기도 하고 살기도 한다. 놀이는 이런 과정과 경험을 되풀이하게

만든다. 이처럼 놀면서 몸으로 익힌 용기와 긍정적인 힘은 놀이 바깥 세계에서도 살아 움직인다는 것을 알아야 한다. 현실에서 멀리 떨어져있는 꿈을 찾아가는 힘도 놀면서 기를 수 있을 뿐이다. 이것이 놀이의 힘이다.

놀이는 모름지기 하고 싶을 때 하는 것이며, 하면서 즐거워야 하는 법이다. 그런데 가만 두면 재미있을 것도 부모님, 선생님이 시켜서 하는 것이 되면 놀이는 어느새 일이 되어버린다. 그런데 오늘 아이들 사이에서 시키지 않아도 가르치지 않아도 줄기차게 이어져 오는 놀이가 있으니, 그것이 바로 공기놀이다. 나는 궁금하다. 어떻게 그 많은 놀이가 아이들 주변에서 자취를 감추었는데 공기놀이는 목숨을 이어올 수 있었을까.

공기놀이에 무엇이 있어 끊이지 않는 생명력을 지금껏 이어올 수 있었을까. 그것을 알뜰하게 살펴보아야 한다고 생각했다. 여기서 찾은 생각들 속에서 다른 여러 가지 놀이 또한 어떻게 아이들과 만나게 하고 나누어야 하는지 실마리를 찾을 수 있을 것이라고 믿었다. 그런 마음으로 인도에서 우리나라에서 공기놀이를 찾아다녔다.

공기놀이는 아이들의 머리와 마음과 손과 동무와 세계가 함께 어울리는 놀이라고 할 수 있다. 또한 공기놀이에는 수입된 많은 교구놀이처럼 사람과 사물의 단순한 관계만 있는 것이 아니라 사람과 사람을 공깃돌 다섯 알로 따뜻하게 이어주는 마음이 깃든다. 공기놀이를 하면서 아이들끼리 어울려 노는 모습은 복잡한 놀잇감을 가지고 홀로 노는 모습보다 그래서 아름답다.

아이들은 손과 발을 써서 마음과 바깥세계를 잇는다. 다시 말해 아이들의 손과 발은 세계와 만나는 길이다. 이런 까닭으로 손을 쓰는 놀이는 아이들의 마음과 정신, 육체와 세계를 일깨워 준다.

공기놀이의 놀잇감은 퍽 단순하다. 이처럼 놀잇감은 단순할수록 좋다. 아이들이 놀면서 채울 부분이 그만큼 많기 때문이다. 돌 다섯 개만 있으면 충분하다. 단순한 놀잇감이지만 이 공깃돌을 가지고 여러 가지 재주와 솜씨를 끝없이 다채롭게 창조해낼 수 있다. 또한 아이들은 공기놀이를 하면서 섬세하게 근육을 쓸 수 있게 되며 고도로 집중된 몰입과 끈기를 자연스럽게 기르기도 한다.

어른들은 아이들이 복잡한 장난감을 더 좋아할 거라고 생각하고 그런 종류의 장난감을 더 자주 사주는데 이것은 생각해볼 일이다. 당장은 장난감의 색깔이나 소리에 아이들이 좋아 어쩔 줄 모르지만 이러한 호기심은 이내 사그라든다는 것을 우리는 경험으로 잘 알고 있다. 왜냐하면 이런 장난감들을 뜯어보면 그 속은 매우 복잡하지만 놀다보면 쓰임이 단조롭다는 것을 곧 알기 때문이다.

그렇다면 작은 돌멩이 다섯 개로 하는 공기놀이나 한 가닥 실로 하는 실뜨기를 오래도록 아이들이 지루해하지 않는 까닭이 무엇일까. 그 까닭은 공기놀이나 실뜨기가 지닌 놀이의 열린 성격 때문이다. 이런 놀이들은 한 가지 놀이 방법에만 머물거나 갇히지 않고 아이들 스스로 얼마든지 다른 모양의 놀이로 만들어갈 수 있다. 그래서 동네마다 공기놀이가 다르고 나라마다 실뜨기 모양이 조금씩 다르니, 참으로 창조적이고 아름다운 것이 이런 단순한 놀이들이다.

공기놀이에 빠지다보면 어느새 공기놀이의 재미를 넘어 평화로움과 만나기도 한다. 공기놀이에 빠져든 아이들을 보면 마치 깊은 삼매에 빠

네팔. 치트완

진 듯이 보이는 것이 이 때문이다. 옆에 무슨 일이 일어나도 돌아보지 않는다. 그리고 자기가 골라서 가지고 놀았던 공깃돌에 큰 애착을 느껴 놀이가 끝난 뒤에도 고이 간직하거나 파묻어 놓는다. 이런 놀이를 하면서 생긴 놀잇감에 대한 애착은 다른 일을 할 때도 이어진다. 이렇게 공기놀이를 되풀이하면서 아이들은 공기놀이의 세계를 조금씩 새롭게 만들어 왔고 그 재미가 오늘 아이들에게까지 이어진 것이다.

공기놀이는 다섯 알을 가지고 노는 것이 흔하고, 더러 많은 공기를 가지고 놀기도 하는데 인도에서 둘 다 아주 흔하게 볼 수 있었다. 인도에서는 공기놀이를 '고타Gota'라고 불렀다. 공기놀이 또한 어느 나라 어느 문화권에서나 볼 수 있는 보편적인 놀이다. 라즈기르에서는 우리나라 공기놀이와 조금 다른 느낌을 받기도 했다.

인상 좋은 아저씨 한 분이 자기 집에 가자고 해서 갔더니 인도 차와 우리나라 송편 같은 떡을 주셨다. 이런 저런 이야기를 나누다 혹 공기놀이를 볼 수 있을까 부탁했더니, 11살과 8살 먹은 딸이 대문 옆에 앉아 한참이나 공기놀이를 보여주며 놀았다. 그리고 공깃돌을 선물로 주기까지 했다.

우리 공깃돌보다 알이 꽤 크고 모양도 다듬어지지 않은 모난 돌을 그대로 쓰고 있어서 집을 때 손이 많이 아플 듯했다. 하는 방법은 하나에서 열까지 헤아리며 그때까지 틀리지 않고 공깃돌을 받아내면서 땅바닥에 공깃돌로 줄을 하나씩 그어가는 것이다. 나는 속으로 공깃돌을 아이들 손에 맞게 작은 것으로 고르면 좋지 않을까 생각했다. 뾰족한 부분은 잡으면 아프니까 좀 갈아내면 좋을 텐데 하는 생각까지 하다가 뭔가가 내 머리를 치는 것이 있었다. 나 또한 놀이를 너무 쉽게 만드는 데만 익숙해져 있구나 하는 것이었다.

우리나라 공기놀이도 돌만 가지고 하는 것은 아니었다. 서해 도서 지역같이 바다가 가까운 곳은 고둥, 소라, 꼬막 따위를 가지고 놀았고 콩을 가지고도 했다. 이밖에 살구씨 같은 열매의 씨앗이나 동물의 뼈를 가지고도 놀았는데 부산에서 공기놀이를 일컫는 다른 이름이 '살구' 인 것을 보면 짐작할 수 있다. 농촌 지역에서는 논흙을 동그랗게 만들어 하루 정도 말려서 쓰기도 했다. 안동에서는 공기놀이를 '자새' 또는 '짜개'라고 부르는데 윷을 가지고 공기놀이처럼 하는 '짜개윷'이란 것도 있다.

오늘 아이들이 이나마 공기놀이를 하는 까닭은 공기놀이가 좁은 공간과 짧은 시간에 할 수 있는 놀이이기 때문인 것 같다. 공간이 좁아도 되니 어디서든지 할 수 있고, 시간이 적어도 되니 쉬는 시간에도 잠깐씩 할 수 있다. 실내에서 할 수 있다는 장점도 있다.

그래도 앞선 세대의 공기놀이를 따라가지는 못한다. 전해오는 수많은 공기놀이 가운데 아주 단순한 것만 하고 있으니 그렇다. 하나에서 네

네팔, 포카라

알까지 늘려가며 던지고 받다가 꺾기로 끝나는 공기놀이는 잘 이어지고 있지만 그밖에 다른 다양한 종류의 공기놀이는 대부분의 아이들이 모르고 있다. 아이들이 쓸 수 있는 짧은 자투리 시간으로는 그런 공기놀이를 익히기 어렵기 때문이다.

그런데 왜 하필 아이들은 어느 나라나 네 개도 아니고 여섯 개도 아닌 꼭 돌 다섯 개를 가지고 공기놀이를 하는 것일까. 생각에 생각을 해 봐도 쉽지 않아 아주 쉽게 생각하기로 했다. 사람 손가락이 모두 다섯이라 공깃돌이 어느 나라나 다 다섯이 아닐까 하는 믿거나 말거나 짐작으로 말이다.

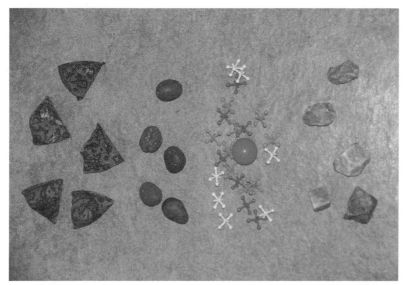

여러 가지 공깃돌

그 많던
구슬과 딱지는
어디에
있을까

캄보디아, 시엠립

내가 어려서 살던 집 뒷마당을 파보면 딱지와 구슬이 한 자루는 발굴되고도 남을 것이란 생각을 종종 한다. 어려서 놀기를 즐겼던 내 또래 가운데는 나와 같은 경험이 있는 분들이 더러 있을 것이다. 놀다보면 우리 동네는 물론이고 다른 동네까지 가서 딱지 따먹기와 구슬치기를 벌이는 일이 잦아지고 따다보면 그 양이 어마어마해져갔다. 그러다 보니 점점 딱지와 구슬이 많아져 네모난 종이 곽에 김밥을 한 줄씩 담는 것처럼 동그란 딱지가 착착 쟁여 모아지고, 구슬은 신발주머니 같은 자루에 하나 가득 채워졌다.

그러다가 점점 그런 놀이와 멀어져갈 시기가 되었는데, 그래도 도저히 버릴 수 없어 나중에라도 가지고 놀겠다는 심정으로 일단 묻어놓았던 것이다. 다시 생각해봐도 우습고 그 열정이 놀랍기만 하다. 이런 힘으로 내가 사나 보다.

꼭 그런 것은 아니지만 공기놀이는 여자 아이들이 좀더 좋아했고, 구슬치기는 남자 아이들이 좀더 좋아했던 것 같다. 그렇다고 예외가 없었던 것은 아니다. 넘나드는 누나와 동생들이 항상 있기 마련이다. 캄보디아에 가서 보았더니 여자 아이들이 남자 아이들만큼 구슬치기를 즐겨하고 있었다. 이것 말고도 공기놀이와 구슬치기는 참 비슷한 점이 있어 견주어보면 재미있다.

어른들께 여쭈어보니 옛날에는 구슬을 구하기 쉽지 않아 진흙을 동그랗게 구슬모양으로 만들어 아궁이에 구워 쓰기도 했다는데 웬만큼

오르차

쓸 수 있을 정도로 단단했다고 했다. 지금의 유리구슬은 일제시대 때 처음 들어온 것이라고 보면 맞다.

인도를 돌아다니면서 구슬치기 하는 아이들을 많이 만났다. 우리 어렸을 때처럼 끝수를 맞춰 따먹는 것도 있었고, 정해진 구멍을 돌아오는 것도 있었고, 벽에 튕겨 하는 것도 있었고, 사각형이나 줄에 자기 몫의 구슬을 걸고 멀리서 맞추어 먹는 놀이도 있었다.

다른 것이 있다면 구슬을 쥐는 손 모양이었다. 우리는 구슬을 멀리 보내는 데 주로 엄지나 가운데 손가락을 썼는데, 인도 아이들은 가운데 손가락을 뒤로 한껏 젖혔다가 튕기는 탄력을 이용해 구슬치기를 했다. 구슬치기를 하는 그 까맣고 반들거리는 인도 아이들의 손과 발은 이문구 선생님이 쓰신 동시 '개구쟁이 산복이' 를 떠오르게 했다.

개구쟁이 산복이

이마에 땀방울
송알송알
손에는 땟국이
반질반질
맨발에 흙먼지
얼룩덜룩

봄볕에 그을려

가무잡잡

멍멍이가 보고

엉아야 하겠네

까마귀가 보고

아찌야 하겠네

– 이문구, 『개구쟁이 산복이』(창비, 1988)

어릴 때는 왜 그랬는지 꼭 추울 때 바깥 놀이를 더 많이 했다. 추우면 집 안에서 하는 놀이를 더 많이 할 것 같지만 그렇지 않았다. 한 겨울에도 눈만 없으면 구슬치기를 했으니 말이다.

나도 어렸을 때는 동네에서 요즘으로 치면 껌 좀 씹고 다리 좀 떨었다. 좀 놀았다는 말이다. 구슬치기와 딱지치기에 너무 열심인 나머지 어깨가 빠진 적도 있고, 지금도 겨울이 되면 한겨울에 찬바람 쌩쌩 쐬며 밖에서 놀 때 얼었던 양쪽 볼이 본색을 드러내기도 한다.

더 놀고 싶은데 밥 먹으라는 엄마 손에 붙잡혀 울며불며 집으로 끌려가던 기억도 새롭다. 손은 트다가 마침내 갈라져 피가 날 정도였으니 말이다. 어머니는 내가 눈 오줌에 손을 담그게 했다가 글리세린을 발라 목장갑을 끼워 끈으로 단단히 묶어 잠을 자게 했다. 그 때 그 얼얼한 손의 느낌이 지금도 전해온다. 다음날 목장갑을 벗었을 때 그 고와진 손이라니!

캄보디아, 시엠립

캄보디아, 시엠립

샤르나트에서 본 구슬치기를 잠깐 보자. 먼저 구멍 가까이 구슬을 던진 사람 순서로 차례를 정하는데 구멍에 한 번 들어갔다 나와야 다른 구슬을 맞출 수 있는 자격이 생긴다. 이 같은 통과의례는 놀이에서 흔하게 볼 수 있다. 구멍에 넣으면 10년이다. 또는 다른 친구의 구슬을 맞추어도 10년이다. 다른 친구 구슬을 맞추면 다시 한 번 할 수 있고 보통 100년 내기를 한다. 우리가 어려서 했던 구슬치기와 규칙이 비슷했다. 신기하게도 인도 아이들도 'year'라고 했다.

아우랑가바드에서 보았던 구슬치기에서 나는 참 특별한 것을 느꼈다. 놀이 이름은 '꼬라Kora'였고 구슬은 '징가Chinga'라고 불렀다. 규칙은 구슬이 구멍에 가까운 순서대로 차례를 정하는 것으로 시작한다. 1등이 다른 친구들 구슬을 모아서 구멍으로 던져 구멍 안에 들어간 것은 먼저 먹는다. 미리 그어 놓은 금을 벗어나면 다른 사람에게 차례를 넘긴다.

사실 이 놀이를 보는 내 마음을 흔들었던 것은 놀이가 아니라 노는 아이들이었다. 구슬치기하는 아이 하나가 소아마비를 앓아 다리를 끌며 구슬치기를 하고 있었는데, 놀이 속에서 아무런 구분과 차별이 없이 다른 아이들과 똑같이 놀고 있었던 것이다.

인도를 돌아다니다 보면 몸이 불편한 아이들을 많이 만난다. 우리 어렸을 때를 떠올려 보아도 동네에서 몸이 성한 아이거나 불편한 아이거나 함께 놀았던 기억이 많다. 뛰고 구르고 내닫는 것이 많이 필요하지 않은 구슬치기나 딱지 따먹기, 공기놀이 따위는 얼마든지 함께 놀 수 있는 놀이였기 때문이다. 처음엔 몸이 불편한 아이가 귀찮게 느껴질 수도 있지만 자꾸 어울리다보면 그 아이를 배려하는 규칙도 만들면서 자연스럽게 놀았던 것 같다.

그런데 쉬라바스티에서 아이들이 하는 구슬치기는 나를 또 한 번 남다른 세계로 이끌었다. 다른 곳에서 만난 구슬치기 마당은 대부분 아주 고른 평지는 아니더라도 평지에 가까운 곳이었는데, 여기서 경사지고 울퉁불퉁한 땅에서 하는 구슬치기를 만난 것이다. 나는 이 구슬치기를 보면서 놀이에서 잊고 있었던 것에 또 한 번 눈을 떴는데, 놀이가 재미있으려면 이런 거친 마당이 더 어울린다는 것이었다.

이 동네 아이들은 오히려 울퉁불퉁한 지형지물을 그때그때 적절히 이용해가며 훨씬 재미나게 구슬치기를 하고 놀았다. 닳고 닳아서 반들반들해진 구슬치기 마당은 빛이 났다. 어떤 곳은 경사지고 또 어떤 곳은 울퉁불퉁하지만 위쪽에 있는 어떤 한 곳에 잘 던지기만 하면 구슬이 잘 닦여진 길을 따라 저절로 아래 구멍으로 굴러들어가는 언덕을 낀 마당이었다.

아스팔트나 시멘트 바닥에 사방치기 그림을 반듯하게 그려놓고 놀았을 때와, 패이고 솟은 흙 마당에서 사방치기를 할 때 놀이의 모습은 달라지기 마련이다. 마찬가지로 구슬치기 놀이터의 불규칙한 환경이 놀

함피

보드가야

| 아이들은 놀기 위해 세상에 온다

보드가야

이의 재미를 한껏 살려주는데, 나 또한 놀이에서 이런 것을 놓치고 있었다는 것을 다시 깨달았다. 인도 아이들은 이래 저래 나에게 놀이에 대한 영감을 흠뻑 준다.

딱지 따먹기 하는 아이들에게서도 하나를 배웠다. 아우랑가바드에서 '티카Tica'라는 딱지를 가지고 노는 아이들을 만났다. 직사각형의 종이 딱지를 서로 같은 수로 내놓고 섞어 엎어 놓은 다음 한 장씩 번갈아가며 뒤집는데, 앞에 뒤집은 것과 같은 것이 나오면 따먹는 놀이였다. 놀이는 간단했다. 놀이가 끝나고 나는 딱지가 참 이상하게 생겼다고 생각하고 근처 문방구에 딱지를 사러 갔다.

어렵게 말이 통했는데 주인아저씨 말씀이 딱지는 안 판다는 것이었다. 그러면 아이들이 가지고 노는 딱지는 무엇이냐고 물었더니 작은 종이 성냥 곽을 내놓는 것이 아닌가. 나는 깜짝 놀랐다. 아이들의 딱지는 다름 아닌 아빠가 다 쓰고 버린 종이 성냥 곽 껍데기의 상표 부분을 오려 모은 것이었다. 내가 어려서 했던 껌종이 따먹기 놀이가 생각났다. 종류별로 껌종이를 모아 딱지처럼 따먹는 놀이였다. 좀 놀았다는 내가 인도 문방구에서 딱지를 팔 거라고 생각했으니! 이 어리석음이라니!

캄보디아에 가서 참 재미있는 놀이를 보았는데 말하자면 딱지 따먹기와 구슬치기를 합친 놀이였다. 딱지를 한 곳에 서로 얼마씩 내어 놓고 차례를 정한 다음, 한 사람씩 신고 있던 슬리퍼를 멀리서 딱지를 향해 힘껏 던져 쌓아놓은 딱지를 금 밖으로 쳐내 먹는 놀이였다. 아이들이 어떻게 두 놀이가 가진 서로 다른 특성을 하나의 놀이로 만들었을까 참 놀랍기만 했다. 이처럼 놀이에 많은 시간을 쏟아 붓는 아이들은 이제까지 없었던 놀이를 새롭게 창조할 수 있다는 것을 내 눈으로 본 셈이었다.

캄보디아, 시엠립

가장 훌륭한
배움터는
천장이
하늘이다

쿠시나가르

어렸을 때 다녔던 초등학교를 가보고 조금 놀랐던 적이 있다. 드넓던 운동장은 손바닥만 하고, 뛰어다니기에 모자라지 않았던 교실과 공부하던 책상과 의자들은 너무나 작아 무슨 소인국에 온 듯한 착각에 빠졌기 때문이다. 살펴보면 학교도 마찬가지이지만 교실도 예전과는 많이 바뀌었고 교실 안 물건들은 더 많아졌다.

바뀌지 않은 것도 있다. 한쪽에 복도가 있고 다른 한쪽에 1학년 1반부터 6학년 6반까지 있는, 감옥의 구조를 떠올릴 수밖에 없는 모습은 예나 지금이나 변하지 않은 것 같다. 마치 아이들이 공부를 제대로 하고 있나, 딴 짓은 하고 있지 않나, 감시하기 좋게 만든 것처럼 말이다.

우리가 어려서 초등학교를 다닐 때만 해도 겨울이면 가운데 난롯가 자리를 차지하려고 서로 다투었고 한 시간이 바뀔 때마다 분단을 바꾸는 꾀를 내기도 했다. 그러나 지금 초등학교는 이런 추위와 더위 걱정에서 벗어난 지 오래이다. 겨울에는 난방이 잘되어 따뜻하고, 여름에는 교실마다 에어컨이 있어 시원하기 때문이다. 이쯤 되었으니 학교 교실은 더 갖출 것이 없어 보이는데, 교실에는 이것 말고도 또 다른 것들이 더 들어와 있다.

우선, 대형 텔레비전 모니터가 있다. 어떤 교실은 프로젝터 시설을 갖추고 있기도 하다. 이런 것들이 서서히 교실에서 칠판을 밀어낼 것 같다. 그리고 곧 아이들 책상마다 컴퓨터가 놓일 날이 멀지 않아 보인다. 요즘은 유치원이나 어린이집에서도 대형 모니터를 켜놓고 수업을 하는

바이샬리

바이샬리

바이샬리

경우가 잦다.

하지만 묻고 싶다. 이런 것이 교실에 들어왔다고 꼭 교육 환경이 좋아졌다고 말할 수 있을까? 이런 전자기계들 덕분에 아이들이 잃은 것은 무엇일까? 이런 생각을 인도에서 만났던 학교와 교실, 그 속에서 아이들을 가르치는 선생님, 그리고 아이들 모습을 보면서 해보았다. 학교란 무엇인가? 건물인가? 시설인가? 교사인가? 무엇인가?

1999년 학교 통폐합을 시작한 뒤로 마을 사람들이 돈을 내고 일손을 보태 일군 시골의 작은 학교들이 폐교되고, 아이들이 읍에 있는 큰 학교로 버스를 타고 다니고 있다. 작은 학교를 통폐합해서 지원을 늘리겠다고 한 일은 도시 큰 학교 못지않은 컴퓨터, 시청각 기계를 들이는 것이었다. 마을 공동체의 중심인 학교의 문을 닫고 제가 사는 곳에 마음을 붙이지 못하고 차를 타고 학교를 다니며 사이버, 도시, 세계와 같이 먼 것만을 동경하게 하는 것이 과연 어린 아이들에게 시급한 교육일까.

카시아

인도에는 비바람과 햇빛을 가릴 수 있는 교실이 있는 곳이면 다행이지만 그렇지 못한 곳에서도 아이들이 열심히 무언가를 익히고 배우고 있는 길거리 학교를 흔하게 볼 수 있다. 배움이라는 것은, 가르친다는 것은 좋은 장비가 있느냐 없느냐 이전의 문제다.

교육이란 교사와 아이들의 배우고자 하는, 가르치고자 하는 열망에서 시작되어야 하는 것이 아니겠는가. 그리고 아직 나이가 어린 아이들은 철저하게 아날로그로 배우고 익혀야 하지 않을까. 아날로그를 넘어서 디지털화된 교육은 좀 더 커서 해도 좋지 않을까.

아이들은 눈으로 보고 손으로 만져보고 귀로 듣고 코로 냄새 맡으면서 배우고 싶은데 대한민국 유치원과 어린이집, 그리고 초등학교 교실의 모습은 첨단이라는 이름 아래, 아이들의 감각을 막고 닫게 만드는 것들로 채우려는 데 매달리고 있으니 어찌된 일인가. 도대체 아이들이 제 감각을 믿고 느끼게 하는 것들을 만나게 해주지 않고 온통 간접적이고 생략되고 조작된 것들을 가져와 가르치고 있으니 말이다.

아이들은 진짜 물건을 만지고 싶고, 사람이 말하고 노래하는 것을 듣고 싶고, 제 몸으로 춤추고 싶지만 이 모든 것을 그림으로 음반으로 프로그램으로 사진으로 만나게 해주고 있는 것을 자랑스럽게 생각하는 교육은 아이들을 어디까지 데려갈까.

여기 세상에서 가장 멋진, 천장이 하늘로 되어 있는 교실을 보면서 우리의 학교와 교실을 떠올려보면 좋겠다.

쿠시나가르

놀잇감을
만드는 것이
놀이!

조금 새롭거나 낯선 놀잇감과 만나면 나는 어깨춤을 추고 싶을 정도로 흥분이 가라앉질 않는다. 놀이와 마찬가지로 놀잇감 또한 아이들 주변에서 거의 찾아볼 수 없게 되어서 더욱 그렇다. 그 자리를 장난감이나 완구들이 차지하고 있고 이것도 컴퓨터나 게임기들에게 곧 자리를 내주어야 할 형편이다. 놀이와 게임이 다른 것처럼 놀잇감과 장난감 또한 다르다.

놀잇감은 되도록 자연과 주변에서 손쉽게 구할 수 있는 것들로 만들고 이렇게 만든 놀잇감의 모양은 단순하지만 놀이의 상상력을 끝없이 펼치기에 모자라지 않는다. 이렇듯 놀잇감을 스스로 만들어 놀아야 진짜 놀이다. 그러나 모든 것을 돈으로 바꾸는 데 익숙한 세상은 놀잇감을 돈으로 사는 장난감으로 바꾸어 놓았다.

텔레비전에서는 아무런 제약 없이 장난감 광고가 아이들에게 무차별적으로 쏟아지고 있고, 그 대부분은 전쟁과 싸움에 쓰이는 무기 장난감을 파는 광고이다. 전쟁을 다룬 드라마도 여기에 한몫한다. 아이들이 전쟁놀이에 빠지는 것이 나쁜 것은 아니다. 그러나 계속해서 텔레비전에서 쏘아대는 광고와 드라마는 아이들이 도무지 전쟁놀이를 졸업하고 다른 놀이로 넘어가지 못하게 만든다는 데 문제의 심각성이 있다.

아이들을 현재와 미래의 가장 훌륭한 고객으로 점찍은 기업은 쉬지 않고 아이들에게 광고를 쏟아 붓고 있고 아이들은 속수무책으로 먹고 마시고 쓴다. 기업은 브랜드 광고를 통해 아이들의 소비 욕망을 기르는

바이샬리

바이샬리

일에 총력을 쏟았고 그 결과는 완전한 승리라고 할 수 있다. 아이들은
날마다 새 물건을 사 달라고 부모를 조르고 있으니 말이다. 광고가 아이
들을 점령한지 오래이다. 하지만 스웨덴에서는 1991년부터 밤 9시 이전
에는 장난감, 패스트푸드, 비디오 게임 등의 TV, 라디오 광고를 모두
금지하는 법이 시행되고 있다. 우리나라는 지금 이에 대한 아무런 판단
기준이 없는 형편이다.

  소위 '강남' 같은 동네에서는 한 달에 60~70만 원이나 하는 서양의
놀이 프로그램에 아이를 보내지 못해 안달이라고 한다. 안타깝게도 이
런 곳에는 공장에서 찍어 약품 처리한 장난감이 아이들을 기다린다. 돈
으로 아이들을 놀릴 것이 아니라 어떻게 아이들과 내가 함께 놀 수 있을
까를 생각하는 부모들이 그립다. 빈익빈 부익부 현상이 아이들 놀이에

바이샬리

바이샬리

까지 내려온 오늘을 보며 나는 놀이에 대한 마음을 다시 한번 다잡아본
다. 놀이는 평등해야 하고, 평화를 만날 수 있어야 하고, 공짜여야 하지
않겠는가. 많은 유아교육기관에서는 이런 장난감 만드는 회사와 가까
이 지내며 장난감을 대량으로 사들여 실내를 장식하는 데 애를 쓴다. 그
러나 이런 장난감들에서 나오는 비소와 크롬과 같은 중금속과 환경호
르몬은 아이들의 건강을 심각하게 위협하는 수준이다.

또한 아이들을 키우는 부모라면 한번쯤은 다 들어보았을 프뢰벨이
창안한 놀이 선물인 '슈필가베'가 대한민국에서 어떻게 이용되고 있는
지 보자. 프뢰벨은 가난한 아이들이 가지고 노는 상업화된 장난감으로
는 판타지 세계로 들어가지 못하는 것이 안타까워 가베를 만들었는데,
이것이 우리나라에는 프뢰벨의 철학은 어디로 날아가 흔적도 없고 물
건만 들어와 이것으로 수학을 가르친달지 머리가 좋아진달지 하면서

학습지에 끼워 파는 전혀 엉뚱한 방향으로 흐르고 있다.

하지만 반가운 도전도 있다. 국내외 뜻있는 분들이 유치원이나 어린이집에서 상업화된 장난감을 모두 치웠더니 오히려 아이들의 창의적인 놀이가 활발해졌다는 것이다. 처음에는 심심해서 어쩔 줄 몰라 하던 아이들이 시간이 조금 지나자 하다못해 빗자루 하나를 가지고도 아이들이 여러 가지 놀이로 바꾸어 한참을 놀더라는 말이다. 더욱 큰 변화는 아이들끼리 서로 이야기를 더 많이 한다는 점이었다. 아이들을 심심하게 내버려두면 큰일이라도 날 듯이 온갖 교구와 장난감을 쌓아놓고 얼마나 아이들을 닦달했는지 생각해 볼 일이다.

심심함이야말로 놀이가 시작될 수 있는 가장 원초적인 조건이다. 심심해야 이제 한번 놀아볼까 하는 마음이 생길 것이 아닌가. 그런데 어른들은 아이들이 심심해 할 틈도 없이 온갖 장난감을 사서 안기기에 바쁘다. 대한민국 아이들은 지금 장난감 소화불량에 걸린 상태라고 해야 할 정도이다. 놀잇감은 아이들이 창조해내는 세계이지 어른들이 사다주고 만들어주는 세계가 아니란 것을 잊은 것 같아 안타깝다.

일찍이 아이들의 손과 발을 요즘처럼 굼뜨고 둔하게 한 시대는 없었다. 어릴 때부터 자연이 아이들에게 주는 은혜를 받지 못하고 편리함이 단 하나의 가치인 도시에서 자랐기 때문이 아닐까. 도시의 좁은 공간에서 놀아야 하니 혼자일 수밖에 없고, 혼자이니 가지고 노는 장난감이 기

껏해야 건전지로 움직이는 장난감과 게임기, 컴퓨터이다.

한국에도 전 세계의 장난감 회사가 다 들어와 있는 형편이다. 둘러보면 정말 어른인 내가 봐도 마음을 뺏길 정도로 그 가짓수와 현란함이 대단하다. 그러나 어른들은 알아야 한다. 사다주는 것은 놀잇감이 될 수 없다는 것을. 아버지와 어머니와 함께 만들어 놀았던 야쿠르트 병 실전 화기를 아이들은 더 오래도록 가지고 논다는 것을.

아이들이 진정 만나고 싶은 것은 바로 이런 놀잇감이다. 내가 참 좋아하는 노래인데 '자전거탄풍경'이 부른 '보물'이라는 노래 속에 나오는 이런 아이들을 다시 만나고 싶다.

보물

술래잡기 고무줄놀이 말뚝박기 망까기 말타기
놀다보면 하루는 너무나 짧아

아침에 눈뜨면 마을 앞 공터에 모여
매일 만나는 그 친구들

비싸고 멋진 장난감 하나 없어도
하루 종일 재미있었어

좁은 골목길 나즈막한 뒷산 언덕도
매일 새로운 큰 놀이터

개울에 빠져 하나뿐인 옷을 버려도
깔깔대며 서로 웃었지

어색한 표정의 단체 사진 속에는
잊지 못할 내 어린 날 그 보물들

술래잡기 고무줄놀이 말뚝박기 망까기 말타기
놀다보면 하루는 너무나 짧아

– 강인봉 작사 작곡, '자전거탄풍경' 노래

　업자들이 만들어 파는 장난감은 일정한 꼴을 되풀이해 보여줘 아이들의 상상력을 가두고 마침내 장난감 통으로 쉬이 버려져 생을 마감하기 일쑤다. 아이들이 진정 원하는 것은 기계 부속으로 채워진 놀잇감이 아니라 자신들이 만든 놀잇감임을 인도 아이들이 만든 다양한 놀잇감을 보면서 다시 한 번 생각했다. 우선, 인도에서 만난 아이들이 만들어 놀던 놀잇감 이름부터 늘어놓아 보자. 참 많다.

　팽이, 성냥 곽을 오려 만든 딱지, 병뚜껑을 두들겨 편 딱지, 새총, 나무로 만든 활, 꼬리연, 못 쓰는 슬리퍼를 오려 만든 굴렁쇠, 종이로 만든 배와 비행기, 고무줄, 베어링을 단 나무 보드, 나무로 다듬어 만든 인형, 대나무 잎으로 만든 바람개비, 새끼자와 어미자, 찰흙을 빚어 만든 트랙터, 나무로 만든 손수레….

　인도에서 만났던 여러 놀잇감을 떠올리면 가슴 한쪽이 무거워지는 장면들이 떠오르는 것을 어쩌지 못하겠다. 택시를 타고 뭄바이 시내를 지나가는데 찻길로 들어와 창밖에 매달려 헬리콥터 장난감을 사라고 헬리콥터를 쉼 없이 띄우던 오누이…. 놀잇감을 가지고 놀아야 할 아이들이 거리에서 놀잇감을 파는 모습을 처음 맞닥뜨렸을 때 나는 분노가 치밀었다. 그리고 이 상황을 어떻게 이해해야 할지 몰라 허둥거렸다. 지금도 이 모순을 온전히 이해하고 있지는 못하다. 누구는 말한다. 거리에서 구걸하는 아이들보다는 그래도 나은 것이 아닌가 하고…. 그렇다 하더라도 먹먹한 가슴앓이가 사라지지는 않았다.

　유적지나 시장에서 놀잇감을 잔뜩 안고 팔러 다니는 아이들을 나는 아직 뭐라 말하지 못하겠다. 시장에서 놀잇감을 파는 아이들을 긴 막대기로 무지막지하게 후려쳐 내모는 경찰과 그 막대기를 번개같이 피하며 쏜살같이 흥정을 하고 물건을 파는 아이들에 대해….

네팔, 카트만두

참 오래되었다. 서울 사당동 산동네에 살 때, 아버지가 집안 여기저기를 손질할 때 쓰시던 삽을 타고 놀았던 것이…. 삽을 타고 놀았다면 요즘 아이들은 어떤 상상을 할까. 삽을 가랑이에 끼고 놀았다는 것일까. 아니면 삽을 엉덩이로 깔고 앉아 미끄럼을 탔다는 말일까. 금방 떠올리기는 어렵겠지만 우리는 분명 "삽 탄다"는 말을 썼다. 어떻게 탔는지 모르는 내 또래 어른들은 없겠지만 설명을 해보려고 한다. 삽 타는 것을 글로 설명할 줄은 나 또한 꿈에도 생각하지 못했던 일이지만 말이다.

아마 초등학교 높은 학년쯤이나 됐을 것 같다. 우리 동네 아이들은 여러 놀이를 두루 섭렵하고 이제 새로운 놀이 찾기에 골몰하고 있었다. 그러던 어느 날 누가 먼저 시작했는지 모르겠지만 삽을 들고 나와서 삽을 타기 시작했다. 어떻게 타나 보았더니 삽을 땅바닥과 직각으로 곧추 세우고 삽자루를 두 손으로 잡고 삽이 넘어지기 전에 재빠르게 삽날 반대편으로 두 발을 올려놓는 것이 아닌가. 아무리 중심을 잘 잡는다고 해

도 그냥 가만히 있으면 쓰러지고 말 것은 뻔한 일이다.

　동무는 이 순간을 놓치지 않고 삽자루를 쥔 손과 삽날 위쪽에 올려놓은 두 발을 동시에 하늘로 솟구치며 앞으로 뒤로 중심을 잡아나가면서 콩콩 뛰는 것이었다. 그냥 푹푹 꺼지는 흙바닥에서는 푹푹 찍혀 박히기 때문에 안 되고 단단한 마당이나, 그래 맞다, 콘크리트 바닥이 가장 좋았다. 또 하나 덧붙일 것이 있다. 어쩌면 이 삽자루 타기 놀이에서 가장 기억에 남는 대목일지도 모르겠다.

　엄마나 어른들은 이 놀이를 보면 질겁을 했다. 날카로운 삽날을 가지고 노는 아이들이 위험해보여 말리기도 했겠지만 그보다는 삽날이 부러질까봐 뜯어말리고 삽을 빼앗으려 했던 것이다. 삽 타기 놀이의 원리는 한 마디로 삽날의 휘어졌다 펴지는 탄력을 한껏 이용할 줄 알아야 했는데, 그러려면 바닥을 세게 찧어야 하고 그러다 보면 삽날의 이가 빠지거나 부러지기 일쑤였기 때문이다. 게다가 반듯하게 발라놓은 대문 앞

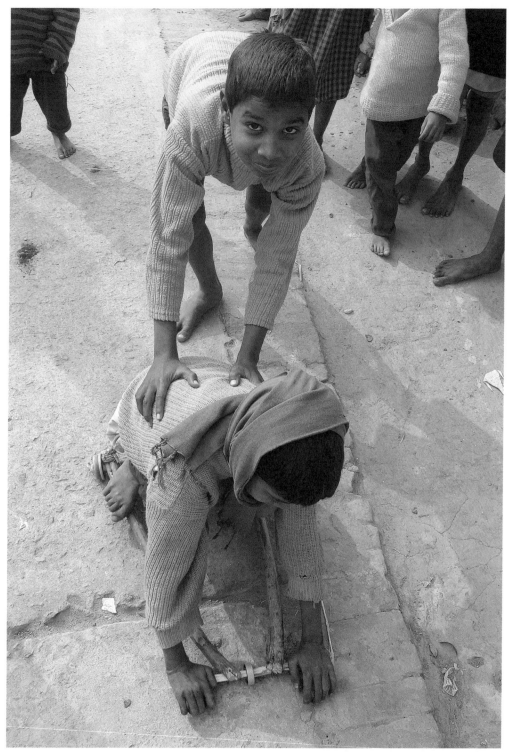

바이샬리

콘크리트 바닥이 삽날에 찍혀 깨져나가니 그것을 가만히 보고 있을 어른들이 아니었다. 또 그 소리는 얼마나 쨍쨍 거렸는지….

이렇듯 어른들이 말리면 아이들은 더 재미가 나게 마련이다. 동네 삽이란 삽은 성한 삽이 없을 지경으로 가고 있었다. 이렇듯 삽자루 하나가 동네 놀이를 한 순간에 휩쓸었다. 어른들이 일할 때 쓰던 연장을 놀잇감으로 가져와 쓸 만큼 우리는 노는 데 뭐가 있었다.

그 뒤로 한참 지나 '스카이 콩콩'이라는 것이 문방구에서 팔리고 있는 것을 보았고 동네 꼬마들이 콩콩거리며 골목에서 타고 노는 것을 볼수 있었다. 살펴보니 스카이 콩콩은 발을 편하게 올려놓을 수 있게 만들어졌고, 스프링을 달아 우리의 삽자루와는 견줄 수 없을 만큼 세련된 것이었다. 그러나 삽자루를 누가 더 오래 타나, 누가 멀리 가나 내기를 했던, 그러다 혼이 나고, 또 몰래 훔쳐 나가 놀던 어릴 때 삽자루 타기에 견주면 뭔가 싱거워 보였다. 삽자루는 내가 찾아 놀이 속으로 가져온 놀잇감이었지만 스카이콩콩은 돈을 주고 사는 장난감이었기 때문이 아니었을까.

동무들끼리 사람끼리 만나 부대끼며 노는 놀이를 뒤로 미루고 아이들을 장난감과 놀게 해서는 안 된다. 누가 뭐래도 놀이는 사람하고 만나 어울리며 하는 것이기 때문이다.

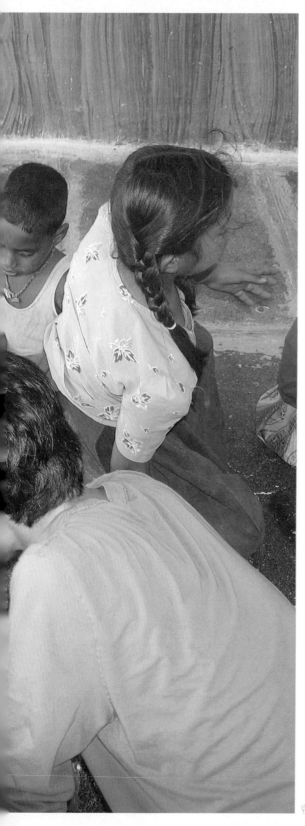

놀이는
가장 훌륭한
말

지금은 주춤한 듯하지만 '보드게임 카페'라는 것이 한때 유행을 타고 번지던 때가 있었다. 궁금해서 몇 번 들러보았지만 내가 생각했던 소박한 보드게임, 다시 말해 땅에다 금을 긋고 돌멩이나 나뭇가지를 말로 삼아 노는 '판놀이'와는 거리가 멀었다. 거의 게임에 가까운 모습이라 아쉬움을 뒤로 하고 나온 적이 있었다. 그런데 누가 알랴! 수많은 보드게임이 우리나라에도 옛날부터 오래도록 이어오고 있다는 것을….

우리나라에만도 우물고누, 호박고누, 참고누 등등 여러 가지 고누놀이가 전하고 있지만 놀 줄 아는 사람은 적다. 그늘 진 나무 밑 땅바닥에 놀이판을 그리고 돌이나 나뭇가지 몇 개를 말 삼아 막기도 하고 따먹기도 하면서 재미나게 놀 수 있는 고누를 말이다. 다음날 놀던 자리에 와서 땅바닥을 후~ 하고 불면 덮였던 흙이 날아가면서 어제 그려놓았던 놀이판이 또렷이 나타나던 기억이 그립다.

인도에서 네팔에 잠시 들렀다가 '호랑이와 사슴(염소)'이라는 놀이판을 만났다. 동양의 체스라고 할까. 네 귀퉁이에 호랑이를 놓고 나머지 자리에 사슴을 놓는데, 호랑이가 사슴을 넘으면 그 사슴은 죽는다. 사슴 5개를 먼저 잡으면 호랑이가 이기고, 사슴이 호랑이를 넘지 못하게 가두면 사슴이 이기는 놀이였다. 빛나는 철판으로 두들겨 만든 것도 있고 나무판으로 만든 것도 있었다. 철판으로 만든 것은 꽤 모양이 아름다웠는데 우리나라로 치면 장기와 비슷하지만 북방 유목 민족의 정서가 짙

네팔, 치트완

카주라호

게 배어 나오는 놀이였다.

　인도 샤르나트에 들어서면서 나는 새로운 놀이와의 만남으로 조금 흥분하고 있었다. 우리나라 고누 놀이와 같은 옛날 판놀이를 만나기 시작했기 때문이었다. 첫 번째 만난 것은 샤르나트에 있는 아쇼카 석주를 지나다가 문화재 복원공사를 하는 인도 청년들이 모여 있는 곳을 지날 때였다. 잠시 손을 놓고 쉬는 모양이었다. 장기같은 것을 두고 있는 것 같아 가까이 가봤더니, 사진에 보이는 놀이판을 사이에 두고 내기를 하고 있었다. 이렇게 땅에 금을 긋고 하는 놀이를 인도에서는 '고티Goti' 라고 하는데, 이 놀이는 그 가운데 '16고티'였다.

　이 놀이는 깨진 빨간 벽돌 16개와 검은 돌 16개로 양쪽 점들을 채우고 시작했다. 말은 한 칸씩 갈 수 있고 자기편은 뛰어넘지 못하지만 다른 편은 뛰어넘을 수 있고 뛰어넘으면 상대편 말을 먹는다. 뛰어넘었는데 또 뛰어넘을 말이 있으면 잇달아 뛰어넘어 먹는 놀이인데, 잠시 한눈 팔다가는 서너 개의 말이 순식간에 날아간다.

　인도 청년이 놀이를 설명하는 모습이 떠오른다. 볼펜을 건네받아 천천히 놀이판을 그리고 이쪽과 저쪽 말을 구분한다고 동그라미와 세모를 하나하나 제 자리에 그려 넣으며 이야기하는 모습이 참 차분했다. 그렇다고 내가 인도 말을 알아들은 것은 전혀 아니었고, 놀이를 같이 하면서 어떻게 하는지 조금씩 알아갔다.

오르차에서는 '빨라(말 또는 돌) 고티' 라는 놀이를 만났는데 16고티에서 가운데 큰 네모를 떼어낸 모습이었다. 놀이 하는 규칙은 16고티와 비슷한데, 내용은 일곱 명의 왕비와 한 명의 왕이 싸우는 놀이였다. 먼저 왕이 시작하고 번갈아 하는데 왕은 왕비를 뛰어넘을 수 있고 뛰어넘으면 먹고 또 뛰어넘을 왕비가 있으면 얼마든지 뛰어넘을 수 있다. 그러다 왕이 갇히면 진다. 앞에 나왔던 호랑이와 사슴 놀이와 비슷하다고 할 수 있는데, 왕비가 최소 네 명일 때까지는 해볼 수 있으나 셋이 남으면 진다.

빨라 고티를 동네 아이들과 여러 판 두었다. 마치 말이 통하기라도 하는 것처럼 떠들어가며 한참을 놀았다. 노는 데는 언어가 그리 중요하지 않다는 것을 새삼스레 느끼면서 말이다. 인도를 다니면서 동네 아이들 틈에 섞여 이런 저런 놀이를 해보면서 몸으로 느낀 것이 있다면 바로 놀이는 서로 모르는 사람을 단박에 가깝게 만들어준다는 점이다.

나 같이 밖에서 온 사람은 "어! 우리와 비슷한 놀이를 하네." 하고, 나를 만난 인도 아이들은 "어! 저 이상하게 생긴 사람도 우리 놀이를 곧잘 따라하네." 이런 것을 서로 느끼고 가까워지는 데는 정말 말이 따로 필요하지 않았다. 놀이란 가장 훌륭한 외국어였고 언어였다.

남북이 통일되었을 때 남북 아이들이 어떻게 서로를 알아보고 가까워질 수 있을까를 생각해 본다. 살아온 체제도 다르고 살아온 환경도 크게 다른 남북 아이들이 어떤 끈으로 만날 수 있을까? 어떻게 서로 이해

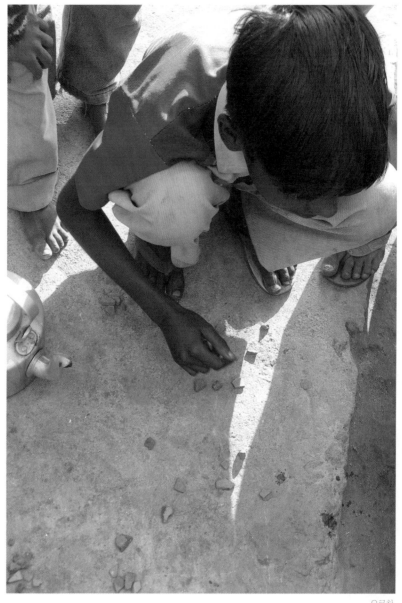
오르차

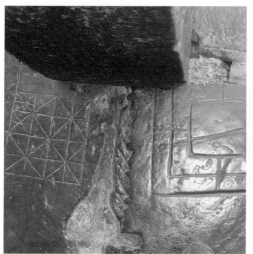

난디 사원 난간   엘로라

의 문을 열 수 있을까? 그 열쇠는 놀이가 아닐까! 아이들이 옛날부터 오 랫동안 해왔던 놀이도 어울리다보면 서로 가까워질 수 있는 작은 끈을 발견할 수 있을 것이다. 놀이는 언어와 국경과 체제를 넘나들어 사람과 사람을 이어주는 단단한 동앗줄이라고 나는 믿는다.

　여러 가지 고티판을 카주라호 바마나 템플의 돌로 만든 난간에서 보 기도 했고, 산치 대탑 제1스투파(탑) 남문 계단 난간에서도 보았고, 우 리나라 '참고누'와 똑같은 문양을 아우랑가바드 힌두 사원 바닥에서 보 기도 했다. 그밖에 여러 가지 고누판들이 힌두와 불교 사원 바닥에서 자 주 눈에 띄었다.

　카주라호 서부 사원군에 있는 바라하 템플의 소를 모신 난디 사원 바닥과 난간에도 많은 놀이판이 음각되어 있었다. 또한 락시마나 템플 계단에서도 앞서 오르차에서 아이들과 놀았던 판과 비슷한 판이 새겨져 있었다. 세계문화유산인 엘로라의 석굴에서 이집트와 아프리카의 고대 놀이로 알려져 있는 '망칼라'가 '참고누' 바로 옆에 나란히 눈에 띄기도 했다.

인도에서 가장 오래된 탑과 신성한 스투파나 불교와 힌두 사원에 이런 놀이판이 음각되어 있다는 것이 내게 작은 수수께끼를 안겨 주었다. 물론 이런 놀이판들은 건립 당시부터 있었던 것 같지는 않고 후대의 사람들이 새겨 넣은 것 같다. 그런데 가장 성스러운 신전에 왜 이런 세속적인 놀이판들이 이렇게 많이 새겨져 있는 것일까? 그러나 다시 생각해 보면 이런 스투파나 사원들은 성스러운 장소이면서 또한 영혼의 쉼터이자 놀이터였음을 짐작할 수 있을 것이다. 잘 어울릴 것 같지 않아 보이는 놀이판이 신성한 사원에 많이 새겨진 것은 놀이와 신성함의 관계가 본래는 무척 가까운 사이였다는 것을 말해주는 듯했다.

카주라호, 바마나 사원

삶과 죽음을
넘나드는
놀이의
아름다움

아이들 놀이에서 땅과 돌과 금을 빼면 이야기할 것이 반으로 줄어든 다고 해도 지나친 말이 아니다. 여기에 몇 가지 덧붙인다면 실과 끈과 줄이 있다. 여기서 더 나아가면 보자기, 상자, 동굴을 이야기할 수 있을 것 같다. 땅에 돌을 가지고 금을 긋고 노는 놀이는 지구상에 흔하디흔한 아이들 놀이라고 할 수 있다. 어디에나 땅은 있고 돌은 지천으로 굴러다 니기 때문이다. 놀이의 가장 원초적인 형태가 여기에서 시작되었음을 짐작할 수 있다.

땅이 있으니 돌을 가지고 금을 긋고, 금을 그어 금 이쪽과 저쪽을 살 고 죽는 공간으로 가르고, 그 중간에 산 것도 죽은 것도 아닌 둘이 어울 려 있는 공간도 만들면서 여러 형태의 금놀이가 만들어졌을 것이다. 우 리가 알고 있는 사방치기, 망차기, 망줍기 등등의 놀이가 모두 이런 원 리에서 만들어졌다고 보면 크게 틀리지 않다. 돌은 또한 뭔가를 맞추는 놀이로 나아갔을 터인데 그게 비석치기이고 구슬치기이다.

남다른 것은 죽음과 삶의 경계를 가르던 돌이 다시 놀이에서 망으로 쓰이면서 놀이의 생명을 이어가는 도구가 된다는 점이다. 가끔은 망이 제가 그어놓은 금을 밟거나 넘어 죽음을 맞이하기도 한다. 그러나 놀이 에서 삶과 죽음은 영원하지 않다. 놀다가 때로 죽기도 하고 살기도 하지 만, 삶과 달리 죽었다가 살아나는 경험을 할 수 있는 유일한 것이 놀이 이기도 하다. 놀이의 영원성은 바로 이쯤에 놓여 있다고 하겠다. 죽음과 부활이야말로 놀이의 가장 큰 아름다움이라고 해야겠다.

아우랑가바드

오로차

인도 아이들 또한 사방치기를 많이 하고 놀았다. 골목 하나를 다 사방치기 그림으로 채우고 노는 모습은 흔히 볼 수 있다. 인도에서 본 많은 사방치기(망차기 또는 망줍기) 마당은 거의가 가지런한 평면과는 거리가 먼 땅이었다. 중간 중간 움푹 파인 구멍들이 사방치기 놀이를 더욱 역동적으로 만들고 있었다. 이런 거친 땅에서는 평범한 망차기 솜씨는 통하지 않는다. 지형이 고르지 않기 때문에 발로 후벼 파며 동시에 차는 발기술이 따로 필요하다.

인도에 갔던 첫해인가 인도의 수도인 델리에 도착한 다음날 저녁 메인 바자르(큰시장)에 나가보았다. 큰 길을 지나다 골목으로 돌아서니 우리나라에 있는 것과 모양이 비슷한 당근, 감자, 양파를 파는 아주 번잡하고 좁은 시장통이 나왔다. 사람들이 서로 어깨를 피하고 다녀야 할 만큼 좁은 곳이었다. 그런데 그 복잡한 길에 금을 긋고 망줍기 놀이를 하는 아이들이 있었다. 한참 늦은 저녁시간이었는데 11살, 12살 남자 아이와 9살 먹은 여자 아이가 지나가는 사람들을 피하며 망줍기에 몰두하고 있었다.

신기한 것은 장사를 하시는 분이나 장을 보러 온 분들 가운데 걸리적거린다고 아이들을 나무라는 사람이 없다는 것이었다. 일상적인 일일 뿐이라는 듯 서로 피해가며 아이들은 잘 놀았고 어른들은 제 볼일을 보았다. 아이들은 지나가는 사람들과 소들을 피해 벽에 붙어 있다가 사람들이나 소가 지나가면 재빨리 나와 돌을 던지며 놀이를 이어갔다.

바이샬리는 인도에서 치안 상태가 안 좋기로 이름난 비하르주의 한적한 농촌 마을이다. 밤에는 불빛 하나를 보기 어려울 정도로 캄캄한 곳이다. 가게도 멀리 있고 잠자리도 마땅치 않다. 먹을 것은 동네 아이들한테 자전거를 빌려 한참 떨어진 장이 서는 큰 마을에 가서 사와야 하는데 그 시장에서는 지금도 더러 물물교환이 이루어지고 있었다. 나는 이곳 아이들은 어떻게 놀지 궁금해 가슴이 뛰었다.

그런데 아이들이 활개 치며 뛰노는 순간이 사방치기와 함께 내게 다가왔다. 작은 찻길 가에 있는 스리랑카 절에 머무를 때였다. 삼층 정도 되는 건물이었는데 아래를 내려다볼 수 있는 옥상이 있었다. 동네 아이들이 바로 이 절 앞의 길가에서 오후 내내 사방치기를 하며 놀다가 돌아가곤 했다.

하여튼 길바닥에다 돌로 온갖 사방치기 그림들을 그려놓고 아이들이 노는데, 옥상에서 아이들이 노는 모습을 바라보며 시간 가는 줄 모르고 한낮을 보냈다. 놀이하는 것을 보고 말하는 것을 들어보니 아이들 표정과 몸짓이 정말 살아있구나 하는 것이 느껴졌다. 언뜻 보기에 도저히 뛸 수 없을 만큼 멀리 떨어져 있는 칸인데도, 여자 아이가 달려와서는 돋음으로 몸을 날려 그 칸 안에 자기 발을 정확하게 떨어지게 하고 돌을 주워 나가는 모습은 어릴 때 우리를 보는 듯한 착각이 들게 할 정도였다.

또 눈을 뗄 수 없는 것은 아직 망줍기나 망차기 판에 낄 수 없는 어린 아이들이 형이나 누나 노는 가까이서 작은 망차기 그림을 그려놓고 놀

바이샬리

고 있는 모습이었다. 이 아이들은 지금쯤 큰 망차기 놀이판에서 놀고 있을지도 모른다. 우리가 그랬던 것처럼 말이다. 돌이켜보면 형이나 누나들의 놀이판에 언제나 쉽게 낄 수 있었던 것은 아니었다는 생각이 든다. 그만한 실력과 솜씨를 갖추어야 낄 수 있었다. 나 또한 형들의 판에 낄 날을 기다리며 조용히 놀이를 갈고 닦던 때가 있었다.

요즘 아이들과 놀이를 해보면 마음에 걸리는 것이 있는데 지는 것을 못 견디는 아이들 모습이다. 놀이를 하다보면 이길 때도 있고 질 때도 있지 애들이 왜 저러나 당황하게 만든다. 그리고 다시 생각해보았다. 왜 요즘 아이들은 그렇게 지는 것을 견디지 못하고 울고불고 분통을 터뜨리는 것일까.

첫 번째 까닭은 아이들이 그 동안 놀이다운 놀이를 해본 경험이 너무 적다는 것에 있을 것이다. 무수한 놀이를 통해 무수한 승리와 패배의 두터운 경험을 쌓을 수 없었다는 말이다. 그 경험이 두텁지 못하기 때문에 한 차례의 패배도 받아들이지 못하고 바로 반응하는 것이다. 삶에서 이런 패배를 수없이 겪게 된다면 아마 아이는 견디지 못할 것이다. 그러나 놀이는 이런 경험과 얼마든지 만날 수 있다. 그리고 놀이 밖 현실에서 겪는 승리와 패배의 경험을 즐기고 이겨낼 수 있는 힘을 놀이에서 기를 수 있다. 놀이는 그래서 참 중요하다.

두 번째 까닭은 여럿이 힘을 모아 하는 놀이를 해보지 못한 탓이다.

이렇게 여럿이 어울려 놀다보면 자기편이 졌다고 지나치게 자책을 하거나 또 누구 때문에 졌다고 탓할 필요가 없다. 다음 판이 또 다음 판이 내일도 모레도 기다리고 있기 때문이다. 함께 놀며 아이들은 화를 다스리고 기다리는 법을 배우게 된다.

또 아이들이 경험하는 대부분의 놀이에서 온통 경쟁적인 것을 강요하고 있는 것도 큰 문제이다. 아이들은 놀이에서 졌다고 생각하지 않고 경쟁에서 밀렸다고 생각하게 되기 때문이다. 좀더 따뜻하게 즐기면서 과정이 아름다운 놀이를 만나게 해주어야 한다. 마지막 하나는 어울려 놀아보지 않은 아이들이 갑자기 놀이로 뛰어들어 일어나는 문제라는 점이다. 다시 말해 놀 수 있는 몸과 마음의 준비가 안 된 아이들이 겪는 어려움도 있다.

우리 어렸을 때를 생각해보면 '깍두기'라는 것이 있었다. '왔다리갔다리'라고도 했다. 이쪽과 저쪽으로 나누어 다투는 놀이인데도 어리거나 몸이 약한 아이를 깍두기로 뽑아 늘 공격을 할 수 있도록 배려를 해주었다. 따지고 보면 이 깍두기는 아직 놀이에 어설픈 아이들이 바로 놀이 속으로 들어왔을 때 겪을 수 있는 좌절감이나 실망감을 최소화시켜주는 역할을 훌륭히 했던 것 같다. 깍두기를 하면서 어린 아이라도 노는 솜씨를 조금씩 익혀갈 수 있었다. 그러다가 시간이 좀 흐르면 어느새 이 편이나 저 편에 끼어 당당한 놀이꾼이 된다. 그 때가 되면 졌다고 울고불고 주저앉아 떼쓰는 일은 없다.

네팔, 카트만두

아이들은 놀기 위해 세상에 온다

네팔 치트완에서 수집한 우리나라 사방치기와 비슷한 놀이를 하나 더 보자. 사방치기를 하다보면 돌을 원하는 곳에 던지려고 할 때 잘 들어가지 않을 수 있다. 이 때 쓸 수 있는 '화장실'이라는 영역을 아이들이 따로 만들었는데, 이것은 우리나라 사방치기에 보이는 '사다리'와 비슷한 구실이었다. 놀이를 잘 이어가려고 따로 규칙을 만들어낸 셈이다. 나는 이런 규칙을 '보태기'라 부른다. 하나의 놀이에 많은 시간을 쏟아 부었을 때 아이들은 이런 '보태기'를 새롭게 만들어 낸다.

한편 이곳의 사방치기가 한국 사방치기 구조와 겉보기에는 다르지만 따지고 보면 같은 구조라는 것도 알았다. 언뜻 보기에 아래 사방치기 그림이 서로 크게 달라 보이지만 발로 뛰면서 해보면 비슷한 구조라는 것을 쉽게 알 수 있기 때문이다. 인도에서는 오른쪽 사방치기 놀이판이 좀 더 눈에 자주 띄었다.

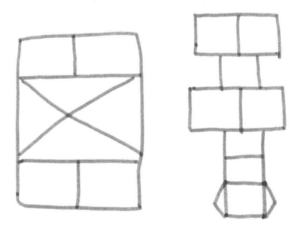

오르차.

오르차에서도 망줍기 놀이를 만났는데 참 인상적인 것은 여자 아이들이 돌을 자기가 원하는 칸으로 던지기에 앞서 돌에다 입맞춤을 하는 모습이었다. 자기 망에다가 주술을 거는 행동이었다. 또 자기 땅을 지나갈 때는 닭 흉내 같은 자기만의 독특한 시늉을 했다. 뒤로 던져 자기 땅을 따먹을 때는 우리나라처럼 자기 땅이라는 표시로 싸인을 하거나 좋아하는 그림, 예를 든다면 나뭇잎 따위를 그렸는데, 그 때 쓰는 분필을 계단 구멍에 숨겨두고 동네 아이들이 함께 쓰는 것도 참 예뻤다.

우리도 한때는 그냥 뾰족한 돌이나 나뭇가지로 사방치기판을 그렸는데 누군가가 부러진 석필을 들고 와 금을 그었더니 눈에도 잘 띄어 놀기 편했던 기억이 되살아났다. 맞다. 그게 석필이었다. 나무로 된 교실 바닥을 광내는 데 쓰기도 했던…. 그리고 또 하나 눈에 확 띄는 것은 사방치기를 하는 아이들이 거의 맨발이라는 점이었다. 땅바닥에서 하는 놀이는 맨발이 참 잘 어울린다. 내 어릴 때도 마찬가지였다. 맨발로 사방치기를 했다. 그래서 우리는 맨발동무였다.

우리 동무 모두 모두 맨발동무.
풀밭에도 모래밭도 맨발동무.
손을 잡고 나라니 맨발동무.

우리 동무 모두 모두 맨발동무.
강아지도 송아지도 맨발동무.
걷고 뛰고 노래하고 맨발동무.

– 권태응의 동시 「맨발동무」 가운데, 『감자꽃』(창비, 2000)

네팔, 치트완

모래를
파헤치고
진흙에
뒹굴고

바라나시

흙과 모래는 무엇이든지 만들 수 있어 아이들로부터 가장 오랫동안 사랑받았던 놀이 재료이다. 이러한 아이들의 흙과 모래 사랑은 오늘에까지도 식을 줄 몰라 어린이집이나 유치원, 놀이터에서도 흙이나 모래를 부어 아이들을 부른다. 아이들은 한두 시간은 거뜬하게 파고 옮기고 덮고 뚫고 길을 만들고 물을 붓는 갖은 놀이를 스스로 하며 논다.

이런 모래나 흙놀이를 보고 있자면 어린 아이들이 30분 이상 한 놀이에 몰입하기 어렵다고 하는 이론이 맞지 않다는 것을 알 수 있다. 재미에 빠질 만한 놀이를 만나기만 한다면 어린 아이들도 아주 오랫동안 놀이에 몰입할 수 있는 것이다. 누구나 흙놀이 하면 두꺼비집 짓기 노래가 떠오를 것이다.

두껍아 두껍아
헌집 줄게
새집 다오
두껍아 두껍아
헌집 가져가고
새집 다오

누구한테 배웠는지 잘 모르겠다. 그냥 아이들하고 흥얼거리듯이 흙을 손등에 덮고 불렀던 것 같다. 오늘이나 옛날이나 아이들이나 어른이나 집 한 채 갖는 게 큰 꿈이었나 보다. 지금 생각해보면 이렇게 시작한

두껍이집 짓기 놀이는 동무들끼리 서로 만든 두
껍이집을 서로 잇는 굴 놀이로 나아갔던 것 같
다. 두껍이 집이 무너지지 않게 터널을 서로 맞
뚫어 나가는 놀이 말이다.

　조심조심 때로는 기운차게 뚫다가 마침내 동
무의 손이 흙 속 저 끝에서 만지작거려질 때 그
느낌을 뭐라 말해야 할지 모르겠다. 지금도 손끝
에 그 느낌이 살아나는 것 같다. 마치 손에 눈이
달려 서로를 알아본 느낌이랄까. 그래 맞다. 서
로 만난 두 손이 꼼지락거리며 인사를 나누기도
했다.

　인도에서도 흙은 말할 것도 없고 강가의 뻘에
서, 바닷가 모래밭에서 즐겁게 놀고 있는 아이들
을 보았다. 하루는 농촌 마을을 지나다가 냇가에
서 진흙을 뒤집어쓰고 노는 한 무리의 아이들을
만나 가까이 갔더니 깜짝 놀라 고기 잡던 그물마
저 팽개치고 언덕으로 줄행랑을 놓는 것이 아닌
가. 돌아오는 길에 다시 들렀더니 한 번 봤다고
마음이 놓였는지 이번엔 하던 놀이를 그냥 했다.

바이샬리

아이들이 이 뻘밭에서 하는 것이라고는 서로의 몸에 머드팩 칠하며 웃거나, 낡은 그물로 망을 치고 여럿이 고기를 한 쪽으로 몰아 뻘속에 숨은 고기 찾기가 놀이의 전부였는데, 세 시간이 다 되도록 요리조리 몸을 놀리며 재미가 나서 터지는 웃음소리가 끊이질 않았다.

모래놀이를 하기에 제일 좋은 곳은 모름지기 바닷가다. 한번은 바닷가 어촌 마을에 갔을 때, 유치원이나 어린이집에 다닐 만한 나이의 아이

바이샬리

들이 뱃머리 그늘 아래 앉아 모래놀이를 하는 모습은 참 한가로우면서
도 진지했다.

조그만 아이들이 참 깊고 넓게도 파는구나 싶을 만큼 커다란 구덩이
를 만들어 놓고 있었는데, 그 노는 모양을 물끄러미 바라보자니 자연이
주는 놀이터에서 멀어진 도시 아이들의 모래놀이가 떠올랐다.

작은 모래밭이라도 만나면 신이 나서 파헤치는 우리나라 아이들을
보면, 그 모습이 어여쁜만큼 이 아이들에게서 자연을 빼앗은 것 같아 미

뿌리

안함이 앞선다. 사실 도시 한 가운데 있는 놀이터의 모래나 흙의 오염 상태는 심각하다. 다른 나라의 경우, 마을 주민들이 아이들 놀이터 관리를 자발적으로 맡아 정기적으로 모래와 흙을 갈아주고 부서진 위험한 놀이기구를 손질하고 때로 우범지대가 될 수 있는 점을 고려해 차례를 정해 살피며 '안전한 놀이터 문화 만들기'를 하고 있는 것을 배웠으면 좋겠다.

아이들이 '지식'을 만나게 해야 하는 것처럼 '놀이'도 만날 수 있게 도와주어야 하는 것이 마땅하다. 최근 서울 성미산을 비롯한 몇몇 동네에선 아이들의 골목문화를 되살리려는 운동이 일어나고 있어 반갑다. 이처럼 놀려면 가장 먼저 놀이터가 있어야 한다. 바로 이런 자연의 놀이터 말이다.

풀밭에 놀 때는
풀밭이 재밌고

뺌삐기 쏙쏙 찾아 뽑기
네 잎 달린 클로버 찾아내기

모래밭에 놀 때는
모래밭이 재밌고

두꺼비집 짓기 고누 묻기
맨발 벗고 씨름하기 재주넘기

돌밭에 놀 때는
돌밭이 재밌고

공깃돌 비삿돌 골라 갖기
장독대에 고여 놀 예쁜 돌 찾기

– 권태응의 동시 「풀밭에 놀 때는」 가운데, 『감자꽃』(창비, 2000)

샤크나트

거리의
아이들

아우랑가바드

고백하건대 몇 해를 인도라는 나라로 달려가서 아이들이 신나게 놀이에 빠져 노는 모습을 틈나는 대로 카메라에 담긴 했지만 카메라에 담는 것을 엄두조차 못낸 아이들이 있었다. 거리의 아이들이었다. 거리를 떠도는 아이들이었다. 거리나 역에서 곡예를 하고 구걸을 하는 아이들이었다. 거리의 아이들은 카메라를 완강히 거부하는 듯했고, 나 또한 왠지 모를 힘에 의해 그 아이들에게 다가가지 못하고 몇 년 동안 한 장의 사진도 찍지 못했다.

인도에는 어림잡아 10만 명이 넘는 아이들이 떠돌고 있다고 한다. 거리에서나 기차역에서 아주 쉽게 이런 아이들과 맞닥뜨릴 수 있다. 길에서 잠을 자고 구걸을 하며 떠도는 아이들은 자연스럽게 어울리게 된다. 그런데 이 아이들은 왜 떠돌게 된 것일까. 다 그런 것은 아니겠지만 인도에서 어린이의 인권은 가난한 계층으로 내려갈수록 열악한 것이 사실이다. 부모가 어려운 환경에서 아이들을 낳고 키우다보니 폭력과 약물과 빈곤에서 헤어 나오지 못하고, 이를 견디지 못한 아이들이 어쩔 수 없이 집을 나와 떠도는 악순환이 되풀이되는 것이다.

더 큰 문제는 이렇게 떠도는 아이들을 그 누구도 보호해주지 않는 데 있다. 이 아이들은 일시적이거나 좀 더 길게 고용이 된다 해도 늘 불안한 신분으로 남게 된다. 얼마 전 인도에서 물건이나 음식을 파는 곳에서 어린이를 고용할 수 없게 하는 법이 통과된 것은 어린이를 보호하기 위한 조치였지만, 거꾸로 어쩔 수 없이 일할 수밖에 없는 어린이들의 처지

아우랑가바드

아잔타

뭄바이

꼬아

를 더욱 불안하게 만드는 문제를 낳기도 했다.

그나마 무엇이라도 일을 하는 아이들은 형편이 좀 나은 듯하다. 문제는 거리를 떠도는 아이들이다. 이 아이들이 다른 사람들로부터 받는 질문 가운데 가장 답하기 어려운 질문이 있다고 한다. "너는 누구니? 어디에서 왔니?"라는 것이다. 거리의 아이들은 이 질문에 목이 콱 막힌다고 한다. 어려서 집을 나와 거리를 떠돌다보니 이름도 잊고 어디서 살았는지도 이제는 제대로 기억해낼 수 없기 때문이다.

이 아이들 사진을 찍는다는 것은 내게 참 어려운 일이었나 보다. 사진은커녕 얼굴을 바로 보고 있기도 쉽지 않았다. 특히 물기 젖은 눈으로 손을 내밀고, 내민 손을 입으로 가져갈 때, 나는 참 여러 가지 복잡한 감정에 빠지곤 했다. 그리고 올해 다시 인도에 갔다. 이제 인도 아이들의 노는 모습은 내게 꽤 친절하고 아름답고 따뜻하게 다가온다. 그러나 이번에도 역시 거리의 아이들은 내 마음을 여지없이 풍랑의 회오리 속으로 끌고 들어갔다.

인도 아이들과 놀이를 이야기하는데 거리의 아이들을 빼놓고 이야기한다는 것이 바르지 않다는 생각을 했다. 이 생각을 하게 되는 데 꼬박 5년이 걸린 셈이다. 힘들지만 용기를 내야 한다고 생각했다. 그렇다고 내가 거리 아이들의 현실을 여기서 고발하려는 것은 아니다. 나는 아직 그럴 자격도 준비도 되어 있지 않은 사람이다.

5년 만에 인도 거리의 아이들을 사진에 담아보았다. 쉽지 않은 일이었다. 카메라 셔터를 누른다고 아이들이 사진에 담기는 것이 아니란 것을 다시 아프게 깨달았다. 오랫동안 거리의 아이들을 보아오고 그들의 현실에 대해서 끊임없이 되묻고 대안을 만들고 따뜻한 시선을 길러온 사람만이 아이들 모습을 온전히 카메라에 담을 수 있다는 생각을 사진을 찍는 내내 했다. 찍을수록 세상에는 카메라에 담을 수 없는 것이 거꾸로 더욱더 많아진다는 것을 알아갈 뿐이었다.

이를 어쩔 것인가. 아무리 찍어보아도 몰래 카메라 수준밖에 안 되는 사진을…. 여기 거리의 아이들 사진을 몇 장 싣는다. 그리고 몇몇 사진은 거리의 아이들이 거리의 아이들인 친구를 서로 찍어준 사진임을 밝힌다. 아이들이 카메라를 놀잇감처럼 가지고 놀아준 것이 고맙다. 너무 놀란 것은 내가 든 카메라 앞에서는 굳어버리는 표정이 친구가 찍어주면 너무나 달라진다는 것이었다. 찍고 나서 참 괴롭고 후회한 사진도 있다. 아이들이 곡예를 파는 사진이었다. 아이한테서 묻어나는 것은 노동의 고달픔이었고 세상살이의 신산함이었다. 용기를 내어 싣는다.

끝으로 거리의 아이가 쓴 시 하나를 옮겨 싣는다. 그리고 인도에 거리의 아이들을 돌보는 민간단체가 있어 웹사이트를 소개한다.

www.youthreachindia.org

고아

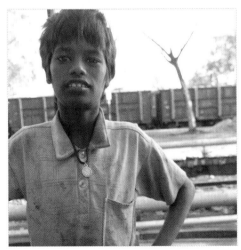

If I were rain

If I were rain,
I would go to those who have no water.
I would say to them 'I am coming.'
Everyone on earth would come out
and I would pour water into their
utensils and fill them···.

– Sumitra, 12years

내가 만약 비라면

내가 만약 비라면
물이 없는 사람들에게 달려갈 텐데.
달려가 '내가 가고 있어요!' 하고 외칠 텐데.
그래서 온 세상 사람들이 나오면
깨끗한 빗방울로
사람들의 양동이를 채워 줄 텐데···.

– 수미트라, 12살

* 거리의 아이가 쓴 시. 『If I were rain』(Youthreach, 2003, India)에서

아이들은
굴리고 싶다

보드가야

내가 어려서 살던 서울 사당동에 엄청난 철거의 바람을 몰고 왔던 88 올림픽 때 일이다. 개막식이 한창이었는데 한 꼬마 아이가 굴렁쇠를 굴리고 나와 귀여움을 받았다. 뒷이야기를 들어보니 굴렁쇠가 우리나라에만 있는 독특한 놀이라는 생각으로 개막식에 넣었다는 이야기를 들었다. 그러나 굴렁쇠는 우리나라에만 있는 놀이가 아니라 전 세계 어느 나라에나 있는 놀이로 보는 것이 오히려 맞다. 아이들은 누구나 무엇이라도 굴리고 싶어 하기 때문이다.

놀이는 아이들의 심성에서 출발해서 이해해야 한다. 굴리고 싶고 돌고 싶고 뛰어내리고 싶은 마음에서 놀이는 시작된다. 마찬가지로 땅이 있으면 아이들은 어떻게 할까. 시키지 않아도 아이들은 땅을 판다. 농사꾼이 밭을 갈 듯이 아이들이 땅을 판다는 것은 참으로 깊이 들여다보아야 할 대목이 아닐까 싶다. 아이들은 땅을 가는 농부의 마음을 가지고 태어나는 셈이다.

그러면 아이들은 언제까지 팔까. 자기 자신이 웅크리고 들어갈 수 있을 정도까지 파면 그만두는 것 같다. 그곳이 엄마의 뱃속 자궁이고 집일 것임을 짐작하는 것은 어렵지 않다. 아이들은 엄마의 자궁 안에서 구르고 돌고 놀았다. 그래서 그런지 아이들은 엄마 뱃속에서 나와서도 뭔가를 굴리고 돌리고 그것도 모자라 제 몸 전체를 돌리지 못해 안달이다.

보드가야

보드가야

굴렁쇠부터 보자. 인도에서 정말 다양한 굴렁쇠를 만났다. 작은 실패에서 자전거나 큰 경운기 폐타이어에 이르기까지 아이들은 굴릴 수 있는 모든 것을 굴리며 놀았다. 대게는 어른들이 쓰고 버린 것들을 아이들이 놀잇감으로 만들어 다시 쓰고 있었다. 이렇듯 굴리면서 아이들은 온 동네를 돌아다닌다. 이렇게 굴리면서 자기 마을과 주변을 알아간다.

돌아다니는 것, 이것 참 좋은 놀이가 분명하다. 아이들과 골목과 길을 내달리는 굴렁쇠 놀이 운동을 한판 벌이고 싶다. 자동차 때문에 위험해 안 된다고 하는 어른들이 당장 반대를 하실 테지만 그래도 하고 싶다. 왜, 아이들은 굴리고 싶으니까.

보드가야

보드가야

인도와 네팔 어디에서나 아이들이 팽이 치는 모습을 흔하게 볼 수 있다. 많은 아이들은 옛날 우리가 그랬던 것처럼 나무를 깎고 못을 두드려 박아 만든 팽이를 썼다. 눈에 띄는 것은 다 감은 팽이줄을 오른쪽 손 약지와 새끼손가락 사이에 끼는 모습이었다. 우리 어릴 때는 보통 끈을 한 번 묶어 썼는데 네팔의 어떤 아이들은 병뚜껑을 뚫어 가운데로 끈을 빼내 묶어 손가락 뒤로 걸어 썼다. 이렇게 하면 팽이를 마음껏 더 세게 던져 돌릴 수 있기 때문이다.

이처럼 아이들이 놀이에 몰두하게 되면 놀이 또한 다른 것과 마찬가지로 진화하게 마련이다. 문제는 놀이에 몰입할 수 있는 널널한 시간이다. 팽이묘기라 할 만한 것도 보았는데 내려찍듯이 하다가 잡아당겨 자기 손바닥으로 팽이를 받아 내는 솜씨였다. 우리가 어려서 했던 팽이찍기도 보았다. 얼마나 격렬하게 팽이찍기를 했는지 마당 한가운데 박아놓은 내 팽이가 동무들이 세차게 내리 꽂은 팽이 총알에 찍혀 '뻑!' 하고 둘로 갈라지던 기억이 생생하다.

함피에서는 굴렁쇠를 굴리고 팽이를 돌리는 아이들을 지나 움푹 파인 동그란 구덩이 둘레를 마음껏 소리 지르며 온몸으로 어지러움을 즐기고 노는 아이들을 만났다. 동그란 원만 있어도 저렇게 신명나게 놀 수 있다는 게 믿기지 않을 정도로 재미나게 놀고 있었다. 원을 뛰며 돌다가 어떤 아이는 구덩이 안으로 떨어지고, 또 돌다가 원 바깥 마당으로 떨어지면 다시 원으로 뛰어 들어와 노는 아이들을 보면서, 아이들이 얼마나 원을 몸으로 품으려 하는지가 느껴졌다. 아이들은 엄마의 자궁과 같은 원이 그렇게 편하고 좋은가보다. 누가 내게 아이들 놀이터를 만들어 달라고 하면 꼭 이런 놀이터를 만들어줘야겠다고 마음먹었다.

아이들 놀이에서 동그라미를 빼놓고는 이야기할 수 있는 것이 없다는 것을 새삼스럽게 알았다. 그래서 아이들의 모든 놀이는 동그라미로 모아진다. 아이들이 축구를 좋아하는 것도 같은 이치다. 한편, 네팔에서 만난 축구는 스포츠라기보다는 놀이에 가까워보였다. 왜냐하면 경기장도 아이들이 금을 그어 만들고 골대도 나무를 박아 만들어 썼기 때문이다.

아그라

아그라

　타지마할이 있는 아그라에서 '줄라'라고 불리는 회전 놀이기구를 만
난 것은 참 행운이었다. 나무로 물레방아를 만드는 기술이 놀이기구를
만드는 데 쓰이지 않았나 싶을 정도로 잘 만들어진, 내가 본 가장 큰 놀
잇감이었다. 어른 둘이 마주잡고 오로지 힘으로 돌리는 것이 인도 놀잇
감 다웠다. 정교하게 만들어진 이 기구를 나중에는 하나하나 풀어 다른
마을로 옮겨가는 것도 보았는데 참 볼수록 희한하고 정감이 가는 놀잇
감이었다. 말도 안 되는 일인 줄 알지만 가지고 올 수 있으면 정말 우리
집 마당으로 가져오고 싶을 정도로 내 마음을 끌었다.

　흔히 놀이공원에서 볼 수 있는 풍차와 다른 것은 몇 바퀴가 돌아간
다음, 탄 아이들이 모두 내리고 기다리던 아이들이 우르르 타는 것이 아
니라, 가장 오래 탄 바구니에 앉았던 아이들만 내리고 그 자리에 기다리
는 아이들을 태우는 점이었다. 그러니까 아이들이 다 채워지지 않으면
그대로 바구니 안에 아이들이 찰 때까지 기다리고 있어야 했다.

기다리면서 이야기도 하고 하드도 먹고 가짜 콜라도 마시면서 아이들이 다 찰 때까지 기다렸는데 그 기다림 자체가 놀이였다. 아이들이 우리 돈으로 100원 정도를 가지고 와서 줄을 길게 선 모습을 보면서 '아이들은 도는 것을 정말 좋아해!' 하는 생각을 하며 혼자 무릎을 쳤던 생각이 난다.

아우랑가바드에서 만난 실팽이는 줄라에 견주면 돌릴 수 있는 가장 작은 놀잇감인 것 같다. 우리가 어렸을 때 명주실을 구멍 두 개인 단춧구멍에 넣어 감아 돌리는 놀잇감과 같았다. 인도에서 더러 아이들이 실팽이를 가지고 노는 것을 보았는데 여기서 만큼 재미난 모습은 처음이었다. 한 아이가 실팽이를 씽씽 잘 돌리는가 싶더니 어느새 단추가 입으로 들어가는 것이 아닌가. 그러더니 단추를 막 깨물어 먹기까지 했다. 가만히 보니 실팽이가 사탕으로 만들어진 것이 아닌가. 가지고 놀다가 먹기까지 하는 놀잇감으로 실팽이가 변신을 한 셈이었다. 아! 너무 재미있다. 이 실팽이를 가까운 가게에서 하나에 1루피(30원)에 팔고 있었는데 참 인상 깊은 놀잇감이자 먹을거리로 기억에 남아있다.

아우랑가바드

숨고 찾고
쫓고
쫓기고

아이들이 따로 가르쳐주지 않아도 스스로 하는 놀이가 하나 있다. '나 잡아봐라' 놀이이다. 한 아이는 도망가고 또 한 아이는 쫓아가는, 이름을 붙이자면 '쫓고 쫓기는' 놀이라 할 수 있겠다. 지금도 어린이집이나 유치원, 초등학교 복도나 동네 길목에서 쉽게 맞닥뜨릴 수 있는 흔한 놀이이다. 이 '쫓고 쫓기는' 것은 본디 경찰과 도둑 사이에 더 잘 어울리는 싸움일지도 모른다. 경찰은 쫓아가고 도둑은 경찰을 피해 도망을 치는 것 말이다.

아이들이 하는 '나 잡아봐라' 놀이와 경찰과 도둑이 벌이는 '쫓고 쫓기는' 싸움은 겉으로 보기에는 비슷하지만 따지고 보면 참 다르다. 하나는 놀이이고 하나는 놀이가 아니라는 말이다. 그렇다면 왜 하나는 놀이이고 하나는 놀이가 아닐까. 놀이와 놀이 아닌 것을 한눈에 구분해볼 수 있는 뭔가가 없을까?

나는 아이나 도둑이나 쫓기는 사람의 얼굴을 본다. 쫓기는 사람이 웃고 있으면 그것은 놀이이지만 웃고 있지 않다면 그것은 놀이가 아니라고 보면 틀림없다. 내가 너무 뻔한 말을 했나. 그렇지만 너무나 중요한 것을 우리는 쉽게 잊어 혼란에 빠지는 때가 많다.

놀이에서 가장 중요한 것을 나는 '웃음'이라고 본다. 한 마디로 웃으려고 논다는 말이다. 놀이를 하는데, 그것이 전래놀이든지 민속놀이든지 요즘 놀이든지 관계없이 웃음이 없다면 그것은 놀이가 아니다. 거꾸

뭄바이

보드가야

로 아빠가 저녁에 일찍 와 어린 딸을 들었나 났다 하면서 하는 놀이는 뭐라고 이름붙일 수도 없고, 그것이 전래놀이도 아니지만 너무나 훌륭한 놀이라는 말이다. 아이도 웃고 아빠도 웃기 때문이다. 그러니 이 세상의 모든 웃음은 틀림없는 놀이라 해야 옳다. 놀이를 마친 다음 아이들 얼굴에 가득 번지는 웃음으로 나는 삶의 피로를 잊는다. 아이들과 함께 하는 많은 선생님과 부모님도 마찬가지일 것이다.

아이들 주변에 웃음을 주지 않는 놀이들이 참 많다. 특히나 장난감과 서양에서 들어온 수많은 교재 교구들을 가지고 노는 놀이 대부분에서 안타깝게도 아이들 웃음소리를 들을 수 없다. 이런 것이 가짜 놀이다. 마치 가짜 비타민과 같은 것이다. 웃음은 사람과 동무들이 함께 놀 때 솟아난다. 비타민을 섭취하려면 야채나 과일을 먹어야지 약을 먹으려 드는 것이 좋지 않은 것처럼….

누가 내게 왜 놀아야 하는가 묻는다면 나는 서슴없이 웃기 위해서라고 말하겠다. 다시 한 번 말하고 싶다. 웃음이 없는 놀이는 가짜 놀이다. 그러나 아이들은 놀다가 자주 울기도 한다. 그렇다, 웃음과 울음이 있어야 진짜 놀이다.

놀이 가운데 숨고 찾고 쫓고 쫓기는 놀이야말로 가장 원초적인 놀이일 터인데 이런 놀이를 더러 만났다. 네팔을 떠나기 하루 이틀을 앞둔 날 밤에 거리에 나왔다가 아이들이 숨바꼭질을 하는 모습을 보았다. 정

네팔, 카트만두

말 우리도 숨바꼭질을 저렇게 했나 싶을 정도로 아이들이 땀을 뻘뻘 흘리며 숨고 찾으며 놀았다. 숨고 찾는 것은 놀이의 영원한 주제라는 것을 내게 알려주려는 듯이….

그런데 술래를 어떻게 뽑나 보았더니 우리나라로 말하면 '다리헤기(이거리 저거리 갓거리)'로 뽑고 있었다. 나는 우리나라에서 선생님들께 술래를 뽑는 방법이 옛날에는 '가위바위보'가 아니었다고 이야기 했더니, 그러면 무엇으로 뽑았냐고 묻길래, 이거리 저거리 갓거리로 뽑았다고 하니 모두 고개를 돌리며 의아해 했다.

지금 우리가 하고 있는 가위바위보는 다른 나라에서 들어온 것이다. '엎어라 젖혀라'도 마찬가지이다. 인도뿐만 아니라 내가 만나 물어본

네팔, 카트만두

네팔. 치트완

러시아나 호주 사람들도 술래를 뽑을 때 부르는 고유한 '이거리 저거리 갓거리' 노래가 있었다. 인류의 보편적인 옛 아이들 노래 가운데 하나 인데 영어로는 'Counting-out rhythm'이라고 한다.

네팔 치트완의 한 초등학교에서 아이들이 까막잡기를 하는 것을 보 았는데, 우리와 비슷했다. 여러 아이들이 빙 둘러 앉고 원 안에 쥐와 고 양이 역할을 맡은 두 아이가 눈을 가리고 고양이가 쥐를 잡으러 다니는 놀이였다. '야옹'과 '찍찍' 소리를 이따금씩 내기도 하고, 주변 아이들 은 원 밖으로 나가려는 쥐와 고양이를 안으로 밀치기도 하며 놀았다. 보 통은 고양이만 눈을 가리는데 여기서는 쥐와 고양이 모두 눈을 가리고 했다. 수업을 마치고 집으로 돌아가기 전에 운동장에서 아이들이 이런 놀이를 하며 놀고 있었는데 보고 있는 것만으로도 재미있었다.

같은 동네 학교에서 '한 아이 : 전교생'이 서로 맞서 쫓고 쫓기는 놀 이를 보기도 했는데 참 장관이었다. 이렇게 놀 수 있으리라고는 미처 생

네팔, 치트완

라즈기로

각하지 못한 놀이였다. 여럿이 쫓고 쫓기는 놀이 가운데 일제시대 때 우리나라에 들어와 유행한 진놀이와 비슷한 놀이를 학교 앞마당에서 보기도 했다. 신발을 벗어놓고 한 쪽은 가져가려 하고 다른 한쪽은 이를 막아내는 놀이였는데 학교가 끝나고 난 뒤 아이들이 한참을 놀다가 돌아갔다.

우리도 어려서 학교를 마치면 운동장이 어둑해질 때까지 놀다가 갔던 기억이 많은데, 요즘은 학교 마치면 교문 앞에 학원차가 아이들 실어 나르느라 난리도 아니다. 뭔가 잘못 돼도 크게 잘못된 세상이다. 애들 공부 너무 시킨다. 일단 놀고 노래도 좀 부르고 공부해도 늦거나 모자라지 않다. 큰 일 안 난다. 아이들은 글동무도 있어야 하지만 뭐니뭐니 해도 들동무, 놀동무가 있어야 한다. 애들 공부 좀 그만 시키자!

동무 동무 들동무
들판으로 다니고,
아지랑이 물결 속
나물 캐러 다니고.

동무 동무 놀동무
노래하고 다니고,
솔솔 바람 품 가슴
손목 잡고 다니고.

동무 동무 글동무
글 배우러 다니고,
동네 앞길 환한 길
"가갸 거겨" 다니고.

– 권태응의 동시 「동무 동무」 가운데, 『감자꽃』(창비, 2000)

바이샬리

아이들은
놀기 위해
세상에
온다

네팔, 치트완

뿌리

아이들이 세상에 온 까닭

편해문

별은
캄캄한 밤이라도
환한 낮이 있다는 것을
잊지 말라며 반짝인다네

꽃들이 피는 것은
웃음을 퍼뜨리기 위해서지

바람이 불어오는 것은
아주 먼 곳에 사는 사람들도 우리들처럼
하루하루 부지런히 일하며 살고 있음을
들려주기 위해서라네

아이들이 세상에 온 까닭은 뭘까

꽃들은 말한다네
웃으러 왔다고

별들은 말하지
꿈꾸러 왔다고

마음 속 깊은 곳
바람 같은 아이 하나
뛰놀고 있는 어른들은
말해 주어야 하네

아이들아,
너희들은 웃고 이야기하고 노래하고 춤추며
동무들과 모여 아침부터 저녁까지 뛰어놀기 위해
이 세상에 왔단다 라고……

뿌리

둥게스와리

함피

네팔 국경

아이들은 놀기 위해 세상에 온다

어릴 때 놀았던 힘으로
우리는 오늘을 산다

나는 놀이를 가르치지 못한다

어느 해 여름이었다. 유치원, 어린이집, 학교 밖 교사들과 함께 비석치기를 한 판 벌이고 놀았다. 끝나고 놀았던 시간을 헤아려보니 세 시간이 훌쩍 넘은 것을 알고 모두 놀랐다. 저녁에 하루를 돌아보면서 낮에 했던 비석치기가 한 편의 마당극 같고 드라마 같다는 생각을 했다. 웃고 떠들고 마음이 조였다가 풀어지고 따지고 받아들이고, 이처럼 놀이 속에는 마치 한 편의 영화에서나 볼 수 있는 이야기의 흐름과 매듭과 결말이 고스란히 있다. 그리고 가장 극적인 대목이 있기 마련이다. 이 대목은 놀이 상황에 따라 늘 조금씩 달라지는데 그 날의 절정은 '똥싸기'를 할 때였다.

왜, 비석을 가랑이 사이에 끼고 동무가 세워놓은 비석 가까이 가서 뒤로 돌아 똥 누는 모양으로 엉덩이를 낮추고 어림짐작으로 다리를 벌려 비석을 똥 싸듯 떨어뜨리는 것 말이다. 비석을 쓰러뜨리려고 세워놓은 비석 위에서 똥구멍으로 겨누는 모습을 보면 웃음이 절로 나기 마련이다. '똥싸기'를 하면서 서로 처음 보는 교사들이라 서먹했던 마음이 조금씩 열려가는 것도 느낄 수 있었다. 사람과 사람 사이의 벽이 허물어지려면 밖으로 나와 함께 움직이고 부대끼고 웃고 떠들고 이야기하고 놀아야 하지 않을까. 놀이는 이 모두를 품고 있다.

책 읽기와 글쓰기는 이렇게 놀고 난 다음에 해도 늦지 않다. 내 작은 경험으로 비추어 보건대 이렇게 놀이를 온 몸으로 놀아본 교사가 아이들과도 나눌 수 있다. 그리고 교사는 아이들이 왜 놀아야 하는지 또렷한 자기만의 생각을 갖출 필요가 있다. 왜 공부 안 시키고 아이들을 놀리기만 하느냐는 물음에 성실히 답할 수 있어야 한다는 말이다. 만약 교사가 이 질문에 제대로 자신의 생각을 이야기 할 수 없다면 아이들의 놀이는 위협받을 것이기 때문이다.

놀이의 차례와 방법을 머리에 넣고 가는 교사는 아이들에게 놀이를 가르칠 뿐이다. 놀이를 가르치다니, 사실 이건 말이 안 된다. 아이들과 놀이 속으로 들어가 함께 놀지 않고 가르치려고만 하지 않았으면 좋겠다. 놀이를 가르치려 들면 재미는 그만 달아나기 때문이다. 고백하건대 한때는 나 또한 그랬다.

교사들이 늘 떨치지 못하는 생각은 이 놀이를 어떻게 아이들에게 가르칠까이다. 다시 말해 놀이하는 차례와 방법에 관심을 쏟고 그런 것을 배우려고 한다. 그렇지만 나는 그런 것을 가르치지 못한다. 다만 교사들이 아이들과 놀이를 어떻게 나누면 좋을지 조금 거들 수 있을 뿐이다. 나아가 교사인 내가 놀이 속으로 들어가 어떻게 재미있게 놀 것인가를 조금 더 생각해 보게 한다. 교사는 아이들을 위해 있기에 앞서 자신을 위해 있어야 하기 때문이다. 교사가 아이들과 노는 시간이 교과의 연속이 아니라 아이들과 함께 교사 자신도 쉬는 시간이어야 마땅하기 때문이다.

놀이는 가르칠 수 없다. 이런 저런 책을 펴놓고 배울 수도 없다. 오로지 놀면서 느낄 수 있고 그 재미있고 따뜻하고 때론 흥분되는 느낌을 아이들과 함께 나눌 수 있을 뿐이다. 놀려면 놓여나야 한다. 놀려면 교사와 아이들을 일상에서 붙잡고 있는 이런저런 것들에서 놓여날 수 있어야 한다. 교장과 원장이 아이들과 교사를 놓아 주어야 공부 터와 놀이터가 활기차게 바뀐다. 만약 가장 훌륭한 어린이집과 유치원, 학교를 만들고 싶다면 교사를 활기차게 해 줄 일이다. 책 읽기와 글쓰기도 때로는 내던질 수 있어야 한다. 뭔가를 가르치려고 아이들 뒷덜미를 잡고 못 움직이게 하면서 아이들이 놀 줄 모른다고 하는 것이 지금 우리 어른들의 한 모습이기 때문이다.

슈타이너는 아이들에 대해서 공부할 수 있는 책은 없다고 말했다. 아이들을 책으로 삼아 배워야 한다는 말일 것이다. 놀이 또한 마찬가지다. 제대로 놀려면 놀이하는 방법과 차례가 적힌 책을 먼저 손에서 내려놓아야 한다. 나 또한 이런 책을 몇 권 썼지만 이러한 책들은 놀이를 하고 느끼고 나누는 데 오히려 큰 걸림돌이었음을 고백한다. 이런 책들은 놀이를 책으로 공부할 수 있다는 미신을 심어주기 때문이다. 더 나아가 마침내 놀이마저 버려야 한다. 이 세상에는 그보다 중요한 것이 참 많다. 놀이가 중요한 것이 아니다. 놀이는 강을 건너면 뒤에 두고 가는 배와 같다. 놀이를 위해서 노는 것이 아니기 때문이다. 그러면 무엇이 중요하냐고 되물을 수 있다.

놀이보다 중요한 것은 놀이를 서로 오래도록 하다 보면 생기고 쌓이고 오고가는 따뜻한 사랑과 이해와 우정이다. 사랑은 말로 마음에 새기기 어렵다. 교사와 부모가 아이들과 놀이로 서로 부대껴야 사랑의 싹을 틔울 수 있다. 무슨 놀이를 하든 관계없다. 꼭 민속놀이나 전래놀이를 할 필요는 없다. 그때그때 상황을 놀이로 여기고 즐겁게 놀 수 있다면 그만이다. 이렇듯 놀이를 하는 시간이 바로 사랑을 나누는 시간으로 바뀔 수 있다면 얼마나 좋을까.

또 아이들은 놀이를 하면서 이 세상에 나만 있는 것이 아니라 다른 사람이 있음을 깨우친다. 가까이 있는 동무가 나와 생각이나 몸짓이 다를 수 있다는 것도 배워서가 아니라 놀면서 깨우친다. 놀다보면 서로 다르니까 조절하는 것을 배우고 조절하다 보면 자기 고집도 돌아보고 가진 것도 나눈다. 잘 알듯이 놀이 속에는 다툼을 중재해 줄 어떤 절대적인 권위자가 없다. 운동 시합처럼 심판이 없다는 말이다. 그러니 교사가 심판 일을 도맡아 하는 것은 놀이를 깨는 어리석은 일이 될 수 있어 늘 조심해야 한다.

이렇듯 나와 여러 가지로 다른 동무와 놀이를 하다 보면 놀이판 속에서 어른들은 다 듣지 못하지만 이런저런 많은 이야기를 아이들끼리 주고받는 것을 쉽게 볼 수 있다. 놀이를 하면서 이야기를 하면서 아이들은 몸과 마음이 자란다. 그런데 놀이를 학습의 효과를 높이는 보조 수단쯤으로 생각하는 사람들이 있는 것 같다. 분명히 말하지만 놀이를 하면 머리가 좋아진다고 하는 사람들은 장사꾼들이니 속지 말아야 한다. 놀이는 앞에서도 말했듯이 관계와 관심과 사랑과 우정이 빠지면 아무 짝에도 쓸모가 없는 오락으로 떨어져버리고 만다.

놀이와 게임은 다르다

놀이와 게임은 참 다르다. 그리고 지금 우리가 아이들과 하는 놀이에 전래놀이, 민속놀이라는 이름이 붙어있지만 조금만 들여다보면 놀이를 하는 것이 아니라 게임이나 레크리에이션을 하고 있다는 것이 한눈에 드러난다. 좀 더 심하게 말한다면 유치원, 어린이집, 초등학교에서 하고 있는 우리 놀이는 놀이가 아니라 모두 게임이라고 해야 옳다. 놀이와 게임이 어떻게 다른지 아는 것은 무척 중요한 일이다.

지역마다 어린이날 너른 마당에서 많은 놀이를 펼쳐놓고 '놀이 한마당'을 한다. 여기서 하는 놀이 또한 이름은 전래놀이니 민속놀이니 붙여놓았지만 게임에 지나지 않는다. 왜냐하면 아이들이 놀이에 진지하게 몰입할 여유를 주지 않기 때문이다. 자치기나 비석치기를 생각해 보자. 앞서 말했지만 아무리 못 걸려도 두 시간은 걸리는 놀이인데 비석하나 쓰러뜨리고 도장 받고 다음 놀이로 넘어가는 이런 것을 어떻게 놀이라고 할 수 있겠는가. 그렇다고 여기서 뭐는 놀이이니 꼭 해야 하고 뭐는 놀이가 아니니 하지 말아야 한다고 편 가르려는 것이 아니다. 정말 걱정스러운 것은 아이들이 이런 곳에서 우리 놀이에 대한 생각을 새기고 간다는 데 있다. '우리나라 놀이라는 것이 이런 것이구나…. 참 시시하고 재미없네….' 이런 거짓 놀이로 아이들을 속이는 일은 그만두어야 한다.

아이들을 많이 불러 모아 들썩들썩거리니 뭔가 하는 것 같아 주최 측은 얼굴이 나는지 모르겠지만 아이들로 하여금 놀이에 대한 생각을 그르치게 만드는 마당일뿐이다. 이렇게 아이들을 동원하는 것이 놀이일 수 없다. 경험일 수는 있다. 놀이 한마당이 끝나고 아이들이 돌아가서 동무들과 그 놀이를 할까? 하지 않는다. 이것이 놀이가 아니고 게임과 레크리에이션이라는 증거이다.

오르차

아이들 삶의 한복판에 놓일 수 없는 것을 놀이라 하지 말자. 아이들 삶과 떨어져 있는 것은 놀이가 아니니 말이다. 이런 뜻에서 요즘 아이들이 즐겨 타는 인라인스케이트가 내 눈에는 더 놀이에 가깝게 보인다. 시키지 않아도 땀을 뻘뻘 흘리며 온 동네를 타고 돌아다니지 않는가. 놀이에서 이런 자발성은 아무리 강조해도 지나치지 않는다.

이 자발성과 함께 가야 할 것이 바로 따뜻한 사랑의 샘솟음이다. 멀리 가지 않고 큰 돈 들이지 않아도 엄마 아빠와 이야기하고 웃고 떠들고 어울리면서 오고가는 사랑이 바로 가장 훌륭한 놀이다. 뭐라 딱히 이름 붙일 수 없는 놀이, 그것이 진짜 놀이이다. 내 부모와 형제와 이웃과 동무에 대한 사랑과 관심과 이해로 나아가는 만남의 물꼬를 놀이로 틀 수 있고 놀이가 이 일을 도울 수 있다. 뭐라도 하며 함께 자주 놀다보면 서로를 알게 되고 사랑하게 되니까.

비석치기로 다시 돌아가 보자. '비석치기'와 '볼링'이라는 것은 거슬러 올라가면 세워진 것을 쓰러뜨리는 것에서 기원한 같은 놀이이다. 하지만 중요한 차이가 있으니 이런 상황을 떠올려 보면 단박에 느낌이 오지 싶다. 동무가 비석을 날려 금에 잘 세워둔 내 비석을 한 번에 쓰러뜨릴 때, 그 기분이 어땠던가? 볼링장에서 볼링 핀이 쓰러질 때 마음속에 그런 출렁임이 있는가? 다 같이 쓰러뜨리는 것이 목적인데 왜 서로 다른 느낌을 갖게 되는 것일까. 여기에 놀이와 게임의 커다란 차이가 있다.

내 비석이 동무가 던진 비석에 맞아 쓰러질 때를 돌이켜보면 내 온 몸과 마음이 뒤로 '꽝' 하고 자빠지는 느낌, 바로 그거다. 그러나 볼링은 다르다. 비석은 나의 다른 이름이지만 볼링 핀은 나와 아무 관계가 없기 때문이다. 내 마음에 드는 반듯하고 단단한 비석은 온 동네를 돌아다니며 찾아야 비로소 손에 쥘 수 있다. 사실은 비석을 찾아 온 동네를 돌아다니는 것이 정말 훌륭한 놀이라는 것을 알아야 한다. 좋은 돌이 물 속에 있기도 해서 물 속에서 숨을 참고 눈을 떠 찾기도 한다. 이렇게 찾은 비석을 누가 그냥 돌덩어리라고 말할 수 있겠는가. 이렇게 인연이 된 비석은 바로 나이다. 비석이 쓰러지는 것이 아니라 내가 쓰러지는 셈이다. 딱지치기도 마찬가지다. 딱지가 뒤집어지는 것이 아니라 내가 뒤집어지기 때문에 아이들이 놀이에 미치는 거다.

딱지 따먹기

딱지 따먹기를 할 때
딴 아이가
내 것을 치려고 할 때
가슴이 조마조마 한다.
딱지가 홀딱 넘어갈 때
나는 내가 넘어가는 것 같다.

– 강원 사북초등학교 4학년 강원식, 『나도 쓸모있을 걸』(창비, 1984)

이렇게 찾은 비석은 바로 나의 분신이다. 공깃돌도 마찬가지이다. 비석과 공깃돌을 놀이가 끝났다고 버리는 일은 없다. 혹 누가 버릴까봐 숨겨놓거나 아예 땅에 묻어놓는다. 잠을 자면서도 꿈을 꾸면서도 숨겨놓거나 묻어놓은 비석과 공깃돌을 생각한다. 놀이는 이런 것이 아닐까. 그래서 억지로 놀이판을 만들어놓고 아이들을 그곳으로 들이미는 놀이는 아무리 오래 해도 아이들 삶의 한복판에 놓이는 놀이가 되기 어려운 것이다.

어려서 놀던 힘은 바닥나지 않는다

어렸을 때 나는, 곧 철거될 산동네에 살았다. 물이 안 나와 지게를 지고 아랫동네까지 내려가 길어다 먹었고, 한 번 불이 났다 하면 어느새 옆집 뒷집으로 불이 옮겨 붙어 한 동네가 홀라당 다 타버리는 허름한 집이 다닥다닥 붙은 그런 곳이었다. 연탄가스를 마셔 학교에 못 오는 동무들도 가끔 있었다. 아버지는 채석장에 돌 깨러 가시고 어머니는 남의 집 일을 가셨다. 학교 갔다 집에 오면 동생만 나를 기다리고 있었다. 우리 동네에 사는 아이들은 모두 나와 비슷한 처지였다.

우리는 놀았다. 우리끼리 놀았다. 잘 놀았다. 하루 종일 놀았다. 더워도 추워도 놀았다. 꼭 밖에서 놀았다. 온 산동네가 우리들의 놀이터였고 멀리 야산에 가서도 놀았고 까마득히 높은 축대에서 뛰어내리는 위험한 놀이도 했다. 그러나 누구 하나 오래 앓는 아이는 없었고, 요즘처럼 놀이 치료를 받으러 다니는 아이는 더더욱 없었다. 그때도 부모님은 지금 이 시대를 사는 부모들처럼 경제적으로 어려웠고, 이웃을 둘러보면 아줌마 아저씨들이 사니 못 사니 싸움도 많았던 것 같다.

그렇지만 우리 동네 아이들은 자기 엄마 아빠의 고통과 아픔에 요즘 아이들처럼 사로잡힐 여유가 없었다. 왜냐하면 우리는 틈만 나면 마당과 골목에 쏟아져 나오는 동무들과 누나 형들과 놀기에도 시간이 너무 모자랐기 때문이다. 집에 오면 책가방을 마루에 던져 놓고 바로 밖으로 뛰어나가 놀다가, 해가 빠지면 어머니 손에 잡혀와 밥 먹고 또 몰래 나가 캄캄해지도록 놀다가 돌아오면 코 골며 잠자기 바빴다. 우리 동네 아이들이 거의 그랬다.

어렸을 때 어머니와 아버지의 세계는 우리에게는 잘 모르는 세계였고 무척 작은 세계였다. 그러나 우리들 세계는 너무나 컸다. 그 큰 세계는 바로 놀이의 세계였다. 그러나 요즘 아이들은 어떤가. 마당과 골목과 동무를 잃어버려 자신들의 세계는 손톱만큼 작아졌고, 어려서부터 어머니 아버지 세계에 깊이 발을 들여놓고 자란다. 또래 세계와 놀이터는 온통 위험과 컴퓨터와 텔레비전이 차지해 버렸다. 부모에게 너무 의지하며 자라고 조금 더 자라면 컴퓨터에 빠져버린다. 이 모든 것이 놀이가 없기 때문이라면 너무 순진한 생각이라고 할까.

그러던 어느 날 산동네는 철거됐고, 우리 가족은 쫓겨났고, 사람들이 다닥다닥 붙어살던 산 언덕은 불도저가 밀어버려 평지가 되고 그곳에 덩그러니 아파트가 세워졌다. 놀이가 넘쳐 하루하루가 즐겁고 행복했던 내 어린 시절의 흔적은 이제 어디에서도 찾을 수 없다. 뜬금없지만 그래서 나는 아이들 놀이와 노래와 이야기 공부를 악착같이 한다. 어려서 즐겁게 놀았던 짧은 행복의 기억이 지금 어른이 된 나를 밀어 가는 결코 바닥나지 않는 하나의 힘이기 때문이다. 어려서 놀았던 놀이는 이런 힘이 있다.

지금 우리 아이들의 놀이와 노래 문화를 둘러보면, 앞선 세대와 견줄 수 없을 만큼 많이 달라졌다. 그러나 자기들끼리 스스로 무언가를 만들어 놀고 노래했던 옛 아이들의 놀이와 노래는 오늘날 어떤 놀이나 노래와 견주어도 빛나는 아름다움이 있음을 나는 양보하지 못한다. 연날리기를 아이들과 함께 할 때, 태어나서 처음 연을 날리는 아이들이지만 어릴 때 우리가 연을 만들어 날리던 그 재미와 즐거움에 빛과 같은 빠르기로 빠져드는 아이들을 보기 때문이다. 바람이 당기는 그 연줄의 팽팽한 느낌을 어떤 게임이 감히 흉내 낼 수 있겠는가.

어떤 놀이보다 연날리기가 재미있음을 말해주지 않아도 아이들은 몸으로 안다. 연날리기뿐 아니라 많은 놀이가 마찬가지이다. 문제는 교사와 부모들이 놀이를 아이들과 어떻게 만나게 해주느냐이다. 아이들은 언제나 그랬지만 몸과 가슴으로 놀이를 받아들일 준비가 되어 있는데 말이다. 아이들이 흙을 밟지 못하고 강과 갯벌과 숲에서 멀어져 자란다. 그리고 배운다는 것이 아직 무엇인지 잘 알지 못하는 아이들에게 어른들은 너무 많은 것을 가르치려 한다. 아이들에게 지식을 앞세우는 가르침은 살아 움직이는 세계와의 만남을 가로막는 어두운 장막일 뿐이다. 아이들은 자신과 또래의 동무, 그리고 자연으로부터 배울 뿐이다.

서울 아이들과 며칠 캠프를 한 적이 있다. 많은 놀이를 했고 노래를 불렀다. 캠프가 끝나고 누군가 이번 캠프에서 가장 재미있는 것이 무엇이었는지 물었다. 아이들은 모두 나와 함께 푹푹 빠지는 논에 들어가 자기들 키만한 벼들 사이를 헤치고 논 끝까지 갔다 온 것이 가장 재미있었다고 했다. 아이들은 이렇듯 몸으로 느낄 뿐이다.

또 어느 해인가는 몸과 마음이 몹시 아픈 아이들과 우연히 맞닥뜨려 놀았던 적이 있었는데, 아이들과 처음 만났을 때 어떤 놀이를 하고 놀아야 할지 떠오르는 것이 없어 속이 새까맣게 타들어갔다. 함께 온 엄마들이나 나를 부른 선배는 내가 놀이 공부하니까 어떻게라도 아이들을 데리고 놀 것이라고 생각해서 부른 것 같았다. 그런데 얘들아! 하고 아이들을 불러도 아이들은 저 멀리서 따로따로 먼 산을 바라보고만 있으니 이 일을 어찌 해야 하나 막막했다. 그런데 어찌어찌 놀다보니 이 아이들이 두세 시간 뒤에는 얼굴이 다리미로 쫙 편 듯이 웃음으로 가득 차 엄마들을 놀라게 했다. 그 사이 무슨 일이 생긴 걸까.

나는 이런 저런 민속놀이니 전래놀이니 하는 것을 먼저 머릿속에서 지우고 뿔뿔이 흩어져 있는 아이들을 잠시 둘러보았더니 그 가운데 한 아이가 혼자 큰 물통 가까이서 물을 튕기고 있는 것이 보였다. 나는 살짝 다가가 그 아이에게 물을 튕겼다. 그렇게 한 아이와 물을 몇 방울 튕기는 장난으로 시작한 것이 나중에는 어떻게 되었느냐 하면 물싸움으로 번지고 그 둘레가 온통 물바다가 되었다.

그 집이 마침 수목원 관사였는데, 소방차에나 달려있을 법한 굵기의 물 호스가 연결된 커다란 펌프 꼭지를 틀어 쏘고 피하고 세숫대야로 퍼 담아 뛰어가 뿌리고 뒤집어씌우며 두 시간을 넘게 아이들과 물 범벅이 되어 놀았다. 참 신기하게도 물을 보자 구석에 있던 아이들이 하나씩 둘씩 물 가까이 다가오더니 물놀이에 흠뻑 젖는 것이 아닌가. 그리고 잦아 있던 몸짓과 표정과 목소리가 하나씩 살아나는 것을 나는 보았다. 아마 아이들 하나하나가 그날 맞은 물의 양이 1톤이 넘을지도 모른다. 아이들이 잘 놀고 간 것은 내가 잘 놀아줘서가 아니라 물의 힘 때문이라고 믿는다.

아이들은 물, 불, 바람, 흙 속에서 비로소 해방감을 느껴야 한다는 것이다. 진정한 놀이는 아주 오랜 옛날부터 있었던 것들과의 원시적인 만남 그 자체임을 잊지 말아야 한다. 집을 떠나 추위, 더위, 비바람을 맞서보아야 한다. 나는 안다. 이런 것들 속에 아이들이 가장 만나고 싶고 놀고 싶어하는 놀이가 가득 숨어있다는 것을…. 이렇게 잘 놀아본 아이라야 행복을 찾아 나설 힘이 있다는 것을….

그래서 우리는 아이들에게 놀이를 만나게 해주어야 한다. 왜냐하면 오로지 아이들은 놀기 위해 이 세상에 왔기 때문이다. 자, 놀자!

우리는 놀고 싶어요!

어린이 놀이 십계명

1. 우리는 밖에서 놀고 싶어요.
   실내나 울타리 안에 가두지 말아 주세요.

2. 우리들끼리 동무들과 놀고 싶어요.

3. 우리끼리 놀 때는 끼어들거나 관찰하거나
   방해하지 말아주세요.

4. 우리들이 심심하도록 좀 내버려두세요.
   우리 스스로 놀래요.

5. 우리에게 놀이 밥을 주세요.
   놀면서 배우면서 몸도 마음도 커요.

6. 우리는 놀 때 가장 행복해요.

7. 우리에게 시키지 말고 도와주세요.
   어른들이 시키는 놀이는 공부 같아요.

8. 우리를 사랑한다면 안전한 놀이터과 한가한 시간을 주세요.

9. 우리는 엄마, 아빠, 동무들과 놀고 싶지
   물건이나 장난감, 교구들과 놀고 싶지 않아요.

10. 어른들도 일만하지 말고 좀 노세요.
    일만 하는 부모가 아이들 공부만 시킨대요.

– 놀이공부 10년째 되는 날 편해문 씀

놀이와 만날 수 있는 곳

- **개똥이네 놀이터** http://www.boribook.com
  재미있는 놀이와 노래, 이야기가 빼곡한 아이들 잡지. 개똥아 나하고 놀자~.

- **고래가 꿈꾸는 세상** http://cafe.naver.com/dreamwhale.cafe
  어린이잡지 〈고래가 그랬어〉를 사랑하는 사람들이 모여 아이들의 놀이와 평화를 위해 신나
  게 노는 놀이터예요.

- **곶자왈 작은학교** http://cafe.naver.com/gotjawal
  자연을 교사로 삼아 제주도의 허파 곶자왈 숲속에 둥지를 튼 작은 학교. 주말마다, 방학마다
  신나게 노는 아이들이 나무처럼 자랍니다.

- **공동육아와 공동체교육** http://gongdong.or.kr
  조합으로 운영되는 공동육아 어린이집에서 아이들은 자연과 놀이를 만날 수 있지요.

- **민들레** http://mindle.org
  대안교육잡지 민들레. 들썩들썩 청소년들이 뭔가 재미난 일을 벌이고 있네요.

- **백창우 개밥그릇** http://100dog.co.kr
  아이들 노래를 만드는 백창우의 손으로 쓴 여운 깊은 글과 노래를 만나는 곳.

- **산골놀이학교 나무처럼** http://nol2.or.kr
  계룡산 산골짝에서 하루 종일 놀기만 하고 싶은 사람 다 모여라~!

- **생태유아공동체** http://ecokid.or.kr
  아이들에게 농사 체험, 자연놀이, 유기농 음식을 주는 어린이집들의 모임.
  서울·경기 지역 : 수도권생태유아공동체 http://ecokid.org

- **선재학교** http://cafe.daum.net/sunjaeschool
  놀이와 여행으로 깨침과 나눔을 여는 학교

초판 발행일 2007년 6월 25일
개정판 발행일 2018년 10월 25일

지은이 편해문
펴낸곳 소나무
펴낸이 유재현
편집한 이 이혜영
꼴을 꾸민 이 조완철
알리는 이 유현조
인쇄 · 제본 영신사

등록 1987년 12월 12일 제2013-000063호
주소 경기도 고양시 덕양구 대덕로 86번길 85
전화 02-375-5784
팩스 02-375-5789
이메일 sonamoopub@empas.com

값 18,000원

ISBN 978-89-7139-834-0 03370

도움 주신 분들
곽임정란, 김대현, 김성철, 김소희, 김신민영, 김안나, 김연일, 김종옥, 류종필, 문수미, 문용포, 문현주, 박보영,
박세경, 박찬희, 배성호, 서명정, 송주영, 신재은, 양경숙, 유지선, 이경미, 이보영, 임종진, 임종혁, 조재은, 추둘란
매운 비판과 따뜻한 격려와 열렬한 지지의 의견을 보내주신 님들, 고맙습니다.

251, 263쪽 사진 ⓒ오복환, 276쪽 사진 ⓒ임영아
귀한 사진 내어 주셔서 고맙습니다.